ギタリスト身体論3
The Physical Theory of Guitarist

新世紀ピッキング理論

八幡謙介 著

JN097182

CHUO ART PUBLISHING CO., LTD.

はじめに

　本書はギターのピッキングに特化した教則本である。左手のフィンガリングについては一言も書かれていないし、ピックを使わない奏法についても触れていない。また、過去の「ギタリスト身体論」シリーズ同様、エクササイズもほとんど掲載されていない。ひたすらフォームのメカニズムとその効用を説明した内容となっている。

　本書の目的はピッキング理論の体系化である。ピッキング理論は無数にあるが、それらはいずれも部位に特化されたもの──「親指はこう動かそう」とか「手首はリラックスして」など──である。そうした、部位に特化した身体操作ではなく、『親指をこう動かすとき手首は必然的にこうなり、そのとき前腕はこういった動きにならざるを得ない。そうなると手首のこの動きは親指の使い方と矛盾するのでしてはいけない……』といったような、ひとつの動きに対する腕全体の連関、そこにある法則をまとめたのが本書である。

　体系である以上、必ず全体を学んでいただかなければならず、それ故の制約や不自由を読者は感じるだろう。しかし、それは同時に読者自身にのしかかる責任の軽減ともなっている。例えば『ピックは弦と平行に当てよう。後は自由に、楽しく弾こう！』とだけ言われたとき、果たして読者はその手軽さや自由を本当に楽しむことができるだろうか？　この一見簡潔なアドバイスが、果たして本当に読者の悩みを解決しうるのだろうか？

　筆者はそうは思わない。

　『ピックは弦と平行に当てよう』とだけ言われても、『平行って何だ？』『そのときにピックの深さは？』『どれくらい強く弾けばいいの？』『手首はこの角度でいいの？（痛いんだけど…）』『手はボディに付けていいのだろうか？』『肘はどの位置にあるべきなのか？』……と、後から後から疑問が湧いてき、余計に迷ってしまう。そうした負担を減らすため、筆者は体系としてのピッキングを６年かけて研究開発した。

本書のピッキング体系を「八幡式ピッキング」と称することとする。名前に他意はない。誰が考案したかを明かにしておきたいのでこの名称とした。「八幡式ピッキング」の特徴や効果は全てを学んでいただかなければ理解できないが、以下箇条書きしてあるのでまずはそれを参照していただきたい。

対応ジャンル
■ロック全般、メタル、ポップス、ファンク、ジャズ、ブルース、フュージョン、ほぼあらゆるジャンルに対応可能。

対応プレイ
■ソロ、バッキング、カッティング、速弾き、ストロークなど、ギターに必要なあらゆるプレイに対応可能。

対象
■ギター歴2、3年以上～プロまで。全くの初心者がいきなり本書を読むのは難しいと思われる（教室でなら全くの初心者からでも習得可）。

八幡式ピッキングの効果
■音が大きくなる（が、ピーキーにならない、潰れない）。
■脱力して弾ける（一部筋肉を鍛えるケースあり）。
■ピッキングのニュアンスをコントロールできる。
■タイムが安定する。
■ひとつのフォームでソロやリフ、カッティングなど複数のプレイに対応できる。
■楽器が持つ本来の音を引き出せるようになる。
■ギターの抜けがよくなる。

八幡式ピッキングを学ぶ利点
■全てにおいて理論化されており、曖昧なところがないので、練習に具体性が出る。
■脱力を目指すので老若男女誰でも習得でき、怪我を回避できる（一部多少の筋力が必要）。
■スランプから早く回復できる。

八幡式ピッキングのゴール
　八幡式ピッキングのゴールは、ピッキングのためのひとつひとつの動きを論理的に把握することである。親指がこういう状態であればサウンドがこうなりタイ

ムがこうなるといった風に、ピッキングにおけるあらゆる要素を論理的に把握できていれば、そこに再現性が生まれる。いつでも再現できるのであればスランプが来ても怖くはないし、今の状態からさらに進化させることも可能だろう。

　自然に獲得したピッキングは一見アーティスティックで格好いいかもしれないが、再現性がない（自分で自分がどのようにピッキングしているのか分からない）と常に不安定で、ちょっとしたスランプで全てが崩れ、再現不可能となってしまう危険性がある。またその危険性ゆえに、ある状態から変化・進化させることをためらうギタリストも多い（特にプロは全員そうだろう）。

　ピッキングのあらゆる要素を理論化し、体系化することによって、スランプに耐え、また進化を恐れない強いギタリストを作ることが可能であると筆者は信じている。

２０２１年　夏
八幡謙介

目 次

八幡式ピッキングのメカニズム

八幡式ピッキングは以下の原理でピッキングに必要な全ての運動を行う。

■ 前腕の回転
　→ピッキング
■ 三角筋で肩関節を稼働
　→弦移動
■ 親指のMP関節の開閉
　→前腕の回転を補助、サウンドやタイムの調節

　それぞれについては各章で詳しく解説する。ここでは「前腕」「肩」「親指」の3点が相互に関係しあい、補完しあいながらピッキングという運動を形成していること、それがひとつ崩れれば他の要素に影響してくることを理解していただきたい。従って、八幡式ピッキングを学ぶ際、ある部分だけ参考にして、後は自分のフォームでということはできない。体系を全て取り入れるか、全く取り入れないかの二択となることを明記しておく。

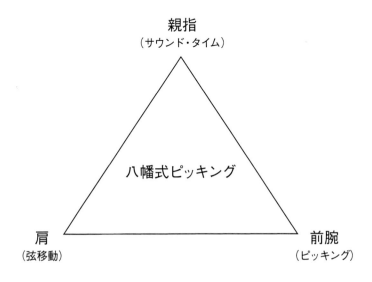

なお、八幡式ピッキングでは以下のフォームや運動を採用していない。
- ■ 親指を曲げた状態でのピッキング
- ■ 親指の屈伸を使ったピッキング
- ■ 人差し指の屈伸を使ったピッキング
- ■ 肘を支点にしたピッキング、弦移動
- ■ 手首を使ったピッキング、弦移動
- ■ フィンガーピッキング

本書の学び方

　本書では前半各章頭に「クイックスタディ」を、章末に「まとめ」を掲載してある。理論は飛ばしてとりあえず手っ取り早く試してみたい方は、気になる章の「クイックスタディ」を参照し弾いてみてほしい。ただし、「クイックスタディ」はあくまで内容を極限まで端折ったものなので、そこだけで全体を判断することは控えていただきたい。

　各章を読んだ後は「まとめ」で重要な項目を読みこぼしていないか、内容をしっかり理解できているかを確認しよう。

　最後に、序文でも述べたが、本書のゴールは「ピッキングフォームを体系化し、論理的に理解すること」である。それは何かが弾けたとか、ピッキングスピードが上がったなど、目に見えるものではない。そういった分かりにくさから目的を見失ってしまう恐れがあるが、読者におかれては「今、腕のどこをどう動かして、どういうラインでピッキングしているのか、その結果どういった効果が生まれるのか」を常に理解しながら進めていただきたい。

基礎理論編

第一章　ピックの持ち方と各指の機能

　ピックはただ単に親指と人差し指で挟んで弦を弾けばいいというものではない。ピックを持つだけで腕が力んでしまっては演奏に支障が出てくるし、腕で作った力を（音楽的に）正しく弦へと伝えるためには、力が伝達する経路を知らなくてはならない。また、ピックを持っていない指はもちろん、手首、前腕、上腕などについても着目し、全てを機能的に活用するべきである。

　本章ではまずピックを持つための土台作りからはじまり、ピックの持ち方や各指の機能を解説する。

Quick Study !!

■ピックの持ち方は親指がポイント！

■写真1、2のように親指をピンと伸ばしてギターを弾くと、いつもより大きくてクリアな音が出るので試してみよう！

■写真3のように親指を少し緩めるとサウンドが変わってくるので試してみよう。

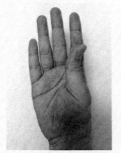
写真1

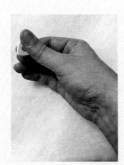
写真2

写真2より少し親指が緩んでいる
写真3

---

1 土台作り

まず、八幡式ピッキングに必要な土台作りを説明しよう。

① 親指を伸ばす

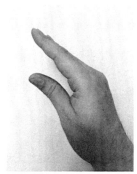

写真4　　　　　　　　　　　　写真5

　親指を人差し指と同じ方向に伸ばす（**写真4**）。このとき、親指はやや先端が外側に反っている。わざわざ反らそうとしなくても、真っ直ぐ伸ばしていけば写真のように先端が反っていく。また、正しい形は**写真5**のように親指と人差し指の間に隙間がある。親指が横に開いていたり、掌にくっついているのはNG。

　親指はこれ以上伸ばせないところまでめいっぱい伸ばす。このとき、拇指球（親指の付け根の筋肉）がかなりキツく感じられるはずだ。

　八幡式ピッキングではこの拇指球の筋肉をしっかりと使っていくので、変に脱力せず、筋トレだと思ってキツさや辛さに耐えてほしい。

② 人差し指～小指を脱力する

　親指を伸ばした状態で残りの指の力を抜くと、伸ばした親指と人差し指の先端がくっつき、何かをつまむような形になる（**写真6、7**）。

　このとき重要なのは、人差指の第1関節が反っていないこと。**写真8**のようにここが反っていると、人差し指を親指に押しつけていることとなる。

　正しい形でピックを持つと親指が真っ直ぐ伸び、人差し指の第一関節は反らない。このとき、**写真9**のように親指と人差し指で台形のような形が出来上がる。

写真10では人差し指が伸びすぎており、台形の形が崩れている。親指も少し外に開き気味となっている。写真11では人差し指が立ちすぎている。

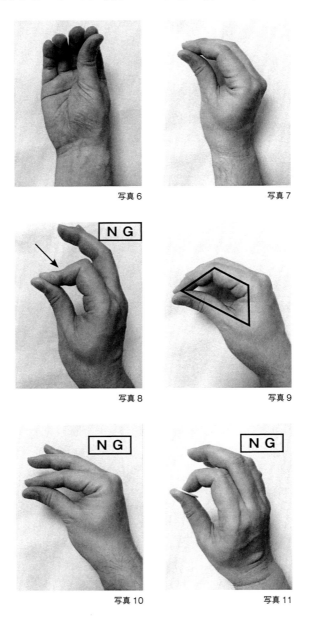

写真6

写真7

写真8

写真9

写真10

写真11

　ではなぜこのような形を作るのか説明しよう。

2　親指のMP関節のロック

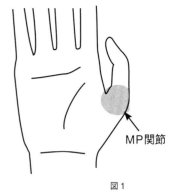

図1

　親指の指先から数えて二つ目の関節を MP
関節という（**図1**）。

　他の指にも MP 関節はあるが、本書では右
手親指の MP 関節のみ言及する。

　この MP 関節を閉める（締める）か開く（緩
める）かで、ピッキングへの影響が変わって
くる。簡単に説明すると以下の通りである。

MP関節を閉める（締める）

- ■ 小さい振りでピッキングできる
- ■ レイテンシーが下がる（発音が早くなる）
- ■ 音が大きくなる
- ■ アタックが強くなる
- ■ 音抜けがよくなる
- ■ ピックが弦に引っかからなくなる
- ■ ピックがずれにくくなる

MP関節を開く（緩める）

- ■ レイテンシーが上がる（レイドバックする）
- ■ 音が小さくなる
- ■ アタックが弱くなり音が柔らかくなる
- ■ ピッキングに味が出る（その分ピックがずれやすくなる）

＊レイテンシー＝発音の遅れ。詳しくは p.69 〜 72 参照。

　ざっくり言うと、MP 関節を閉める（締める）と、シャープで力強いピッキン
グとなり、開ける（緩める）とソフトで味のあるピッキングとなる。前者はロッ
ク全般、後者はジャズやブルースに向いている。また、ジャンルで分けるだけで
なく、プレイの瞬間瞬間でも使い分けることが可能である。MP 関節は完全に閉

めるか完全に開けるかの二種類しかないのではなく、閉め具合（開け具合）の調節が可能である。それによってもサウンドやピックを持つ感触が少しずつ変化していく。読者は自分の演奏する音楽に最適なサウンド、タイム感、アーティキュレーションなどが得られる MP 関節の位置を探ればよい。

　なお、八幡式ピッキングでは MP 関節をしっかりと閉めておくことをスタンダードとする。なぜならこちらの方が汎用性が高いからである。以下、MP 関節を閉めることを「MP 関節のロック」と呼ぶ。

　MP 関節の開閉は以下の通りである。拇指球（親指の付け根）に注目してほしい。

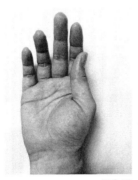 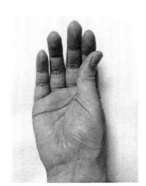

写真 12　　　　　　　　　　　　　　写真 13

　写真 12 は MP 関節が開いて（緩んで）いる。一方写真 13 は親指を伸ばすことにより MP 関節が閉じて（締まって）いる。この閉じている状態が「MP 関節のロック」である。

　なお、MP 関節が開く（緩む）／閉じる（ロックする）という表現は解剖学的に正しくないが、比較的イメージしやすい言葉として採用した。

ピックを持つと

　では今度はピックを持った状態で MP 関節の開閉を見てみよう。

　写真 14 は MP 関節がロックされた状態。親指の先端がやや反っている。

　写真 15 は MP 関節が開いている状態。親指の伸ばし方が足りない。従って先端が反っておらず、MP 関節がポコっと浮いているのが分かるだろう。ではどれぐらい親指を伸ばせば MP 関節がロックされるのか？　また、MP 関節がロックされているかどうかを調べる方法はあるのか？

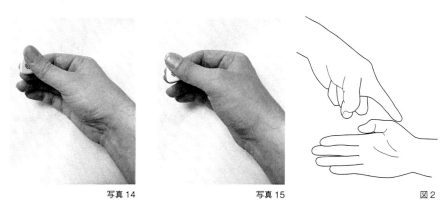

写真14　　　　　　　　写真15　　　　　　　　図2

　まず右手親指を伸ばしてみて、**図2**のように左手でMP関節を押してみよう。
　このとき、MP関節がロックされていれば右腕全体が沈む。ロックされていなければ、関節だけがポコっと沈む。ただし、MP関節がロックされていないからといってそれが悪いわけではない。それぞれサウンドやダイナミクス、ニュアンスが違っているというだけだ。
　ではMP関節がロックされた状態と緩んでいる状態、それぞれで一度ギターを弾いてもらいたい（本来前腕の回転で弾くのだが、今はそこまで考えなくてもよい）。**写真14**のようにMP関節がロックされていると音が大きく、前に出る感じになるはずだ。一方、**写真15**のようにMP関節が緩んで（開いて）いると、音は小さく、柔らかくなるはずだ。どちらも一長一短だが、既に述べたように、八幡式ピッキングではMP関節がロックされた状態をスタンダードとする。

MP関節のロックには筋力が必要

　筆者は「ギタリスト身体論」シリーズにおいて、脱力を目的とした合理的なギターの奏法を解説してき、筋力を鍛えることは暗に否定してきた。しかしピッキング研究の結果、八幡式ピッキングではどうしても二カ所だけ筋肉を鍛えないといけないことが判明した。そのひとつがMP関節をロックするために必要な拇指球の筋肉である（もうひとつは三角筋。こちらは後述する）。
　親指を伸ばし、MP関節をロックし続けるためには、どうしてもこの拇指球の筋肉を使わないといけない。ここが脱力しているとMP関節は中途半端に開いたままになってしまう。親指を伸ばし、MP関節をロックし続けようとすると拇指球が疲れてくる。その疲労には筋トレだと思って耐えていただきたい。そうす

17

ることでだんだん八幡式ピッキングに必要な拇指球の筋肉ができてくる。ただし強い疲労や痛みが続く場合は何かが間違っている可能性があるので、一度やめて医者に診てもらおう。

　余談だが、筆者は本書で脱力論者から筋トレ論者になったわけではない。脱力は今でも筆者の最も重要な研究課題だし、一方で必要な筋肉はどんどん鍛えるべきだとも考える。フォームに対する研究が進んだ結果、身体操作が細分化したと捉えていただきたい。

MP関節をロックする際の間違った方法

　MP関節をロックするために親指を伸ばすなんて回りくどいことをしなくても、MP関節そのものを閉めればいいと考える読者もおられるだろう。実は筆者も最初はそうしていたのだが、MP関節自体を閉めようとすると親指がどうしても反り過ぎてしまう。

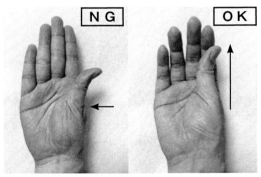

写真 16

　写真16左は親指を伸ばすのではなく、MP関節を直接閉めている。そうするとMP関節自体は締まっていくのだが、親指が開きすぎてピックを持ったときピックと親指にどうしても隙間ができすぎてしまう。その結果ピックがずれやすくなったり、本来得られるはずのサウンドが損なわれてしまう。

　また、このように親指が開いた状態だと、人差し指もそれに合わせて不自然な方向に開いてしまい、その結果人差し指の関節を痛めることとなる（p.22 参照）。**写真16右**のように親指を伸ばすことでMP関節を閉めると親指が不自然に開かず、人差し指も自然なフォームをキープすることができる。八幡式ピッキングの

土台をつくる際は、必ず親指を伸ばすことで MP 関節をロックしてほしい。

ピックを持つ際の注意点

① ピックを持つ前に親指を伸ばす

親指を伸ばして MP 関節をロックする際、必ずピックを持つ前に行ってほしい。なぜかというと、ピックを持ってから親指を伸ばそうとするとピックに親指を押しつけてしまうからだ。そうすると人差し指も同程度の力で押し返そうとし、その結果ピックを挟む力が強すぎて力みが生じたり、サウンドが必要以上に硬くなってしまう。また、ピックという対象物があることで親指に不自然な角度がついてしまい、MP 関節がしっかりロックされなくなる。

　まずなにもない状態で親指を伸ばし、伸ばしきった親指にピックを軽く当てるようにして、最後に人差し指を脱力してふわっとピックを挟んでほしい。

② 指とピックの接着面積

　人差し指・親指とピックはできるだけ多く接着しているのが望ましい。その方がピックをコントロールしやすくなり、前腕でつくった力も伝達しやすくなる。そのためには、親指の末節骨の中心でピックの中心を捉えるようにする。

　末節骨とは、親指の第一関節から先端まで。この部位のちょうど中心にピックの中心が来るように持ってみよう（**図3**）。ピックの向きは**写真17,18**のように親指と垂直になる。

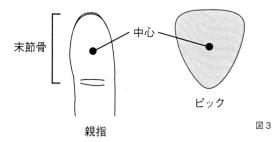

図3

　人差し指も概ね末節骨の中心でピックの中心を押さえるようにしたい。指が立ち、先端（爪の近く）でピックを押さえるのは NG である。あくまで目的はピックと指の接着面積を確保することなので、できるだけ人差し指の中心に近いところでピックを押さえることを心がけよう。

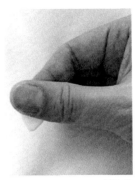

写真 17

写真 18

　写真17、18は末節骨の中心でピックを押さえているところ。親指の先端が少しだけピックから出ているところに注目。ピックはDUNLOP USAのイングヴェイモデルで横幅は最大2.5mm、縦2.9mmと少し大きめ。

　上から見てみよう。写真19を見ると、人差し指は適度に曲がり、ピックとの接着面積をしっかりと確保しているのがわかる。

写真 19

③ ピックの持ち方NG例

　写真20は親指の先端でピックを持っている。そのせいでMP関節がロックされず開いている。

　写真21はピックが親指に対して垂直ではない。これではピッキングに支障が出る。

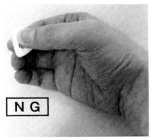

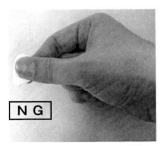

写真 20

写真 21

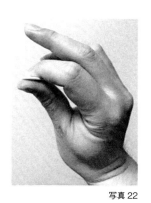

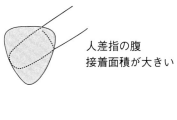

人差し指の腹
接着面積が大きい

人差し指の側面
接着面積が小さい

写真 22

図 4

　写真 22 は人差し指の腹ではなく側面でピックを挟んでいる。こうなるとピックと人差し指の接着面積が小さくなるため、ピックがずれやすくなる（**図 4 参照**）。

　以上、よくあるピックの持ち方の NG 例を紹介した。これ以外にも NG 例は沢山あるが、ここでは割愛する。

④ 人差し指の機能

　ここまででピッキングにおける親指の機能をざっくりと紹介したが、では人差し指はどうだろうか？八幡式ピッキングでは、人差し指の機能をイコライザーとして捉えている。

　既に説明した通り、人差し指は脱力して軽くピックに触れるような形となる。そのように軽く押さえられていればフラットな（癖のない）サウンドになり、人差し指に力を入れてピックを押さえつければハイが持ち上がってピーキーな（きつい）音になる。

　八幡式ピッキングではあくまで人差し指をピックに押しつけないフラットなサウンドを基本としているが、メタルなどには人差し指を押しつけた極端なサウンドが合うかもしれない。また、ハイが少し物足りないギターを弾く際は、人差し指を軽くピックに押しつけてハイを持ち上げるとちょうどよくなるかもしれない。そこらへんは各自で調節してもらいたい。ただし人差し指をピックに強く押しつけると前腕にも影響するし、人差し指の疲労や怪我にもつながるので、あくまで軽くに留めてほしい。

⑤ 人差し指の付け根を怪我するケース

親指のフォームが崩れることによって人差し指の付け根を怪我するケースがあるので明記しておく。

　まず、親指を伸ばさずに MP 関節自体を閉じようとすると、**写真23** のように親指が若干外に開いていく。

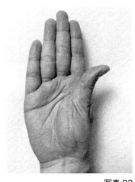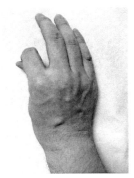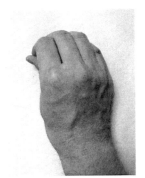

写真 23　　　　　　　　　　写真 24　　　　　　　　　　写真 25

　開いた親指に人差し指を合わせようとすると、**写真24** のように人差し指も外に開くことになる。**写真24** のフォームでピッキングを続けると、人差し指の付け根を痛めることとなる。実際、筆者はこのフォームでのピッキングを試し、人差し指の付け根に炎症を起こしたことがある。その後 MP 関節のロックの方法が間違っていたと悟り、本書で説明してきた正しい方法を発見できたので怪我の功名といえるが、読者はわざわざそんなことを体験せずとも最初から正しいフォームを習得すればよい。正しくは**写真25**のように人差し指と中指の間が閉じている。

中指、薬指、小指

　最後に、ピックを持たない中指、薬指、小指について述べておく。

【中指】

　中指は**写真26、27**のように人差し指に軽く沿わせておくことが望ましい。

　このとき、注意点がふたつある。

①人差し指より前に出ないこと。

　中指が人差し指より前に出ると、ピックより先に中指が弦に当たってしまう。

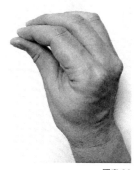 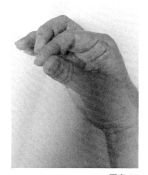 

写真 26　　　　　　　　写真 27　　　　　　　　写真 28

中指は人差し指より若干引っ込めた状態がベストである。

②人差し指に押しつけない。

　中指を人差し指に押しつけると、連鎖的に中指→人差し指→親指と力んでしまう。中指はあくまで人差し指に軽く沿わせるだけにしておこう。

【薬指】

　薬指は脱力しブラブラしていても構わないが、やはり中指同様他の弦に触れてしまうことがある。では中指に沿わせておけばいいかというと、そちらの方が邪魔になるケースもあるので、**写真28** のように意識して伸ばしておくといいだろう。

【小指】

　八幡式ピッキングでは、小指の側面を多用する。

　小指の側面とは、**図5**にある通り、小指の外側（手刀）の指先から手首あたりまで。この全面を主にミュートに使用する。そのため、小指は原則として丸めずに真っ直ぐ伸ばしておく。

　本項で述べた中指～小指の使い方をまとめてみると、手の形は**写真28**のようになる。

　これは八幡式ピッキングのひとつの基準である。

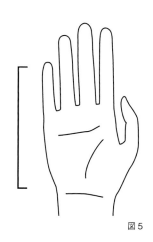

図5

まとめ

重要単語

- ■ 拇指球

  親指の付け根の盛り上がっているところ。ここは鍛える。

- ■ MP関節

  親指の第二関節。

- ■ MP関節のロック

  右手親指の第二関節を閉める（締める）こと。

各指の状態

- ■ 親指を伸ばしてMP関節をロックする。
- ■ 人差し指はふわっと脱力して、ピックを押さえつけないようにする。
- ■ 中指は人差し指に添わせる。
- ■ 薬指、小指は伸ばす。

MP関節のロック

- ■ 親指を伸ばすことでここをロックするのが八幡式ピッキングのデフォルト。
- ■ ただし緩めることもある（ジャンル、プレイに応じて臨機応変に）。
- ■ MP関節自体を押し込んでロックしない。
- ■ ロックの度合いでダイナミクス、サウンド、タイム感が変化する。
- ■ MP関節のロックには拇指球の筋肉を使う（ここは軽い筋トレ）。

ピックの持ち方

- ■ ピックと指の接着面積を多くとる。
- ■ 親指、人差し指共にピックを押さない。
- ■ 人差し指はイコライザー（ピックに押しつけるとハイが上がる）。

基礎理論編 第一章総括

　まずはピックを持つ際の土台作りとピックの基本的な持ち方を理解しよう。もちろんこれは八幡式ピッキングの体系のひとつなので、これらの要素が後にピッキングや弦移動（手首、前腕、肩などの身体操作）と密接に関わってくる。「本にはこう書いてあるけど、まあピックの持ち方ぐらい自己流でいいっしょ」と流してしまうと後々やり直さないといけなくなるので、しっかりと理解してから次に進んでもらいたい。

第二章 前腕の機能

Quick Study !!

- 親指を伸ばして MP 関節をロックしたら、前腕の回転でギターを弾いてみよう。

  掌が上を向く方向に回転するとアップピッキング、下に向く方向に回転するとダウンピッキングとなる (図6)。
- 前腕の回転のみでピッキングできているとき、ピッキングラインは**図7**のように前腕の軸に対して垂直になる（弦に対して概ね斜めのライン）。

  MP 関節のロックと前腕の回転がかみ合うと、ピッキングは軽くなり、トーンやダイナミクスをコントロールしやすくなる。

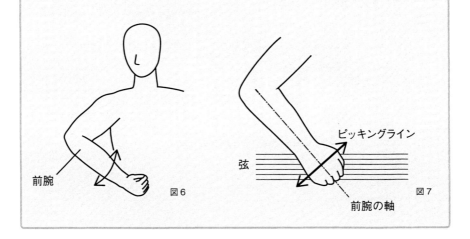

前腕　　　図6　　　弦　　　ピッキングライン　　　前腕の軸　　　図7

1 ピッキングの動力

　ピックを持ち弦を弾くという運動は、指、手首、肘、肩など様々な部位によって行うことができる。しかし、その自由度が混乱の原因となり、上達を妨げ、ひいては怪我の元となることもある。本章ではピッキングの動力となる身体操作を一度まとめて紹介した上で、最後に八幡式で採用している前腕の回転を解説する。

① 肘

　【メリット】：動きが分かりやすく、誰でもできる。

　【デメリット】：疲れる。細かいコントロールができない。

　肘を支点にして前腕から先を上下に振り、弦を弾くピッキング（図8）。通称「肘振り」とも言われ、初心者が行う間違ったピッキングの代表として戒められることが多い。この動きには上腕（肩から肘までの部位）の筋力を使う。肘から先全部を動かすため疲れやすく、また弦移動の際細かいコントロールが効かないので、雑な演奏になりやすい。

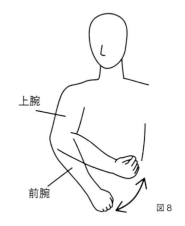

上腕

前腕

図8

② 手首

　【メリット】：脱力しやすい。細かいコントロールが効く。

　【デメリット】：弦移動で詰まりやすい。

　初心者からプロまで最も多いのが手首を左右に振ってバイバイをするようなピッキング（図9）。簡単かつ効果的で脱力もしやすく、汎用性が高い。一方、弦移動で詰まりやすいというデメリットがある。その点については後述する。

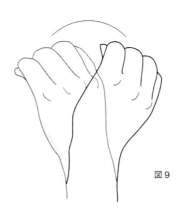

図9

③a　親指の屈伸

　【メリット】：細かいニュアンスが調節可能。

　【デメリット】：習得が難しい。

「ギタリスト身体論（1）」で紹介した、親指の屈伸で行うピッキング（図10）。熟練すれば細かな動きが可能で、様々なニュアンスが出せる。しかし習得が難しく、できる人はできるが、どれだけ練習してもできない人もいる。

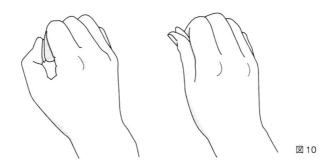

図10

③b　親指のプッシュ

　【メリット】：ソフトピッキング向き。

　【デメリット】：ピッキングにムラが生じやすい。

　親指を屈伸させるのではなく、伸ばしたままピックに向かって押したり緩めたりする動作でピッキングする（図11）。中〜上級者向けとされる。ソフトピッキングに向いており、味のある音が出しやすい。一方、MP関節を常に開閉することになるのでタイムやアーティキュレーションにムラが生じやすい。

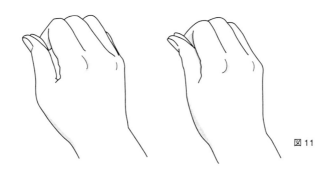

図11

④ 人差し指の屈伸

　【メリット】：逆アングルのカッティングに効果的。

　【デメリット】：習得が難しい。汎用性が低い。

　人差し指の屈伸で親指をリードするようにしてピッキングする（図12）。逆アングルでのカッティングなどで効果を発揮する。汎用性は低く、使っている人もかなり少ない。

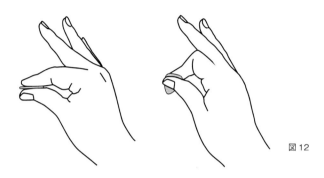

図12

⑤ 前腕の回転（八幡式で採用）

　【メリット】：力をコントロールしやすい。弦移動との組み合わせが最適。

　【デメリット】：習得が難しい。

　親指、手首、肘などを使わずに前腕の回転のみでピッキングする（図13）。習得は難しいが、汎用性は高い。八幡式ピッキングではこの前腕の回転をピッキングの動力とする。

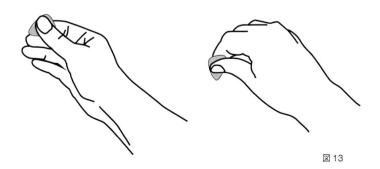

図13

2 前腕の回転

　では実際に前腕の回転を体感していただこう。まずピックを持たずに手を握り、グーのかたちにしてみよう。

　そして、**図14**のように前腕を回転させる。このとき、握った拳で前腕を回転させるのではなく、前腕の付け根あたりで腕全体を回すようにしよう。手の甲が下に向かうことを外回転、手の甲が上に向かうことを内回転という（解剖学では回外、回内というが、本書ではイメージしやすい用語で説明する）。ギターのピッキングの場合、ダウンピッキングが内回転、アップピッキングが外回転となる。今後何度も出てくるので、ここでしっかり覚えておこう。

　この前腕の動きでピッキングを行う。今は手をグーにすることで一本の棒のようになっているので簡単に回転できるだろうが、実際にピックを持ち、前腕の回転でギターを弾こうとすると、手首がふらふらしたり、肘が動いたりと不必要な動きが出てしまう。そうならないために、まずは前腕に通っている軸をしっかりとイメージできるようにしよう。

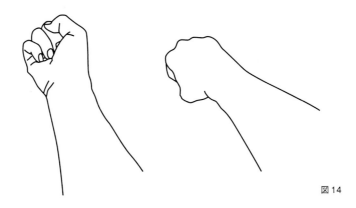

図14

　図15は右前腕部分を切り取ったものと考えてもらいたい。この中心に串を刺したとすると、その串が通っているところが軸となる。この軸を中心に前腕が回転する。例えるなら、焼き鳥の串をぐるぐると回せば肉が回転するようなものである。

　図16は先ほどのように手をグーにした状態。こうするとグーにした拳の部分まで軸が通るので、前腕から拳までを一緒に回転させやすいのだが、これではギターが弾けない。

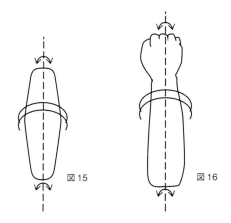

図15　　　　図16

　実際にピックを持って前腕を回転させてみると、手首から先がぶらぶらしてしまうことが多い。そうなると手首から先は軸が消えていることになる。ピックを持っても手首から先までしっかり軸を通すにはどうすればいいのか？ここで第一章で解説したMP関節のロックが重要な役割を果たすこととなる。

3　MP関節のロックと前腕の回転 ①二本の軸

　まず、手首を真っ直ぐにし、全ての指を脱力した状態で前腕を回転させてみよう（**写真29**）。

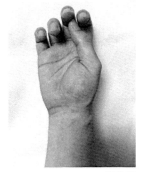

写真29　　　　　　　　　　　　　写真30

　すると手首がグラグラと動き、親指がでんでん太鼓のように左右に振れるのが分かるはずだ。次に、**写真30**のように親指をしっかり伸ばし、MP関節をロックした状態で前腕を回転させてみよう。すると手首と親指が固定され、前腕と完全に連動する。人差し指〜小指もさっきよりはフラフラしないはずだ。

このように、MP関節をロックすることで、手首から先にも軸が通るようになる。この軸を簡単に図にすると、図17、18のようになる。

　図17は八幡式ピッキングフォームである。aは前腕から掌（指が別れる手前まで）に通った軸。MP関節をしっかりロックすると親指にb軸ができる。

　図18は手を開いた状態。実際このように手を開くとMP関節はロックされない（従って軸も生じない）のだが、イメージしやすいようにあえてこうしている。軸が二本あるが、実際はa軸が回転しb軸はそのa軸にくっついて動く枝と認識してほしい。図19はa軸が回転し、b軸がそれにくっついてきている様子。何度も言うが、これは分かりやすく図にしたもので、実際にこのように親指を開いてピッキングすることはない。

　MP関節をロックすることで、掌に軸が通り、手首がぶらぶらしなくなる。さらに親指にも軸が派生し、前腕の回転と連動する。これが八幡式ピッキングのメカニズムである。

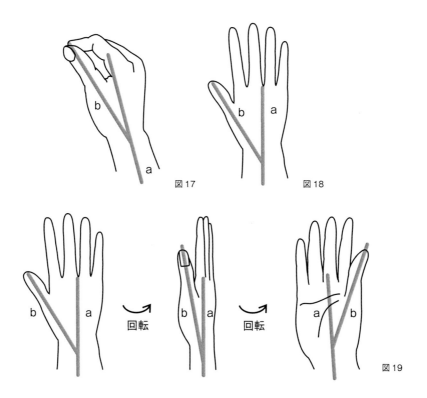

図17

図18

回転

回転

図19

4 MP関節のロックと前腕の回転 ②力の伝達

　八幡式ピッキングの動力は前腕の回転にある。では前腕さえ回転させていれば
OK かというと、そう簡単な話ではない。前腕を回転させただけでは単にエネル
ギーを生じさせただけである。重要なのは、そのエネルギーを伝えるべきところ
に余すところなく伝えること、さらにそれが音楽的な効果を発揮することである。

　前腕の回転で生成したエネルギーを伝える対象は弦である。仮にそのエネル
ギーを 100 とすると、それをできるだけロスせずそのまま弦に伝えたい。ではど
うすればそれが可能となるのか？ その方法が既にお伝えした MP 関節のロックで
ある。

　少し回りくどいが、前腕から弦までのエネルギーの経路と、エネルギーがロス
していくポイントを考察してみよう。

■ エネルギーのロスポイント① -a 手首が脱力しすぎているケース

　手首を完全に脱力し、前腕を回転させると、手がいろんな方向にぶらぶらと暴
れてしまう。このように、手首が緩んでいると前腕の回転により生成されたエネ
ルギーが分散され、逃げてしまう。ということは、前腕で生成したエネルギーを
弦に伝えるためには、手首にある程度の緊張が必要だということがわかる。

■ エネルギーのロスポイント① -b 手首が緊張しすぎているケース

　では今度は手をグーにして力いっぱいギューっと握ったまま前腕を回転させて
みよう。そうすると手首から前腕まで緊張し、回転にブレーキがかかっているの
が分かるだろう。このように、手首が緊張しすぎていると前腕の回転が阻害され、
エネルギーの生成自体がロスしてしまう。

■ エネルギーのロスポイント② MP 関節

　改めて手首から先を脱力し、前腕を回転させると、親指もぶらぶらと暴れてし
まい、エネルギーが分散されてしまう。その結果、前腕の回転で生成したエネル
ギーがきちんと弦に伝わらなくなってしまう。

■ エネルギーのロスポイント③ ピック

　前腕で生成したエネルギーが親指の先まで伝わったとしても、そこからピック
にしっかりと伝達しなければやはりエネルギーはロスしてしまう。

以上が前腕で生成したエネルギーのロスポイントである。まとめてみるとひとつの経路が見えてくる。

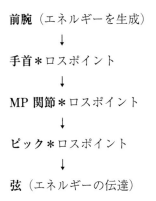

前腕（エネルギーを生成）

↓

手首＊ロスポイント

↓

MP 関節＊ロスポイント

↓

ピック＊ロスポイント

↓

弦（エネルギーの伝達）

　八幡式ピッキングのエネルギーはこの経路で伝わっていく。そして、これらのロスポイントを正しくコントロールできたとき、前腕で生成したエネルギーをロスせず弦に伝えることができるのである。

　では、具体的にどうすればいいのだろうか？実はこれまでに説明してきた八幡式ピッキングフォームで既に解決できている。

■手首、MP関節

　MP 関節をロックすることで手首がほどよく緊張し、前腕の回転と連動（ロスポイント① -a）。

　親指以外は脱力することで前腕への負荷を軽減する（ロスポイント① -b）。

MP 関節をロックすることで親指に軸ができ、前腕の軸と連動（ロスポイント②）。

■ピック

　親指との接着面積を増やす（ロスポイント③）。

　このように、八幡式ピッキングのフォームで全てのロスポイントをきっちりカバーすることができる（というより、そうなるようにピックの持ち方や親指の使い方を最初からデザインしてある）。

　本書冒頭で八幡式ピッキングは三位一体と説明したが、その一角がここで垣間見えてきただろう。ピックの持ち方、指の使い方は独立しているのではなく、他の部位と密接に関係し、相互に干渉しあっている。それぞれが補完し合い、歯車がきちんとかみ合っていれば絶大な効果を発揮するが、邪魔をし合っていれば、それがすぐさま不具合となって演奏に影響を及ぼす。だからこそフォームはある部位を単独で練っていくのではなく、体系的に構築しなくてはならないのである。

5　前腕の回転で生成したエネルギーとサウンドの関係

　ここまで、前腕の回転で生成したエネルギーをロスなく弦に伝えるフォームを説明してきた。これが武道や格闘技ならエネルギーを対象に100%伝えられればそこで万事OKとなるはずだが、音楽ではそうはいかない。なぜなら、エネルギーのロスはサウンドやタイムなど、様々な音楽的要素に良い影響を与えることもあるからである。しかも、それがジャンルやプレイによって絶対必要な要素ともなり得る。

　もちろん、八幡式ピッキングでは前腕で生成したエネルギーを弦に伝える比率もコントロールしていく。その方法は、MP関節の開閉である。ただ、これは実際に弾いてみた方が理解しやすいので、説明は後段に譲ることとする。現段階では以下の表を参考に、エネルギーの量とサウンド・タイム等の関係性をイメージしてほしい。

エネルギー	しっかり弦に伝達	ロスして弦に伝達
MP関節	閉める	開く
タイム	ジャスト	レイドバック
アタック	強い	弱い
ダイナミクス	高い	低い
ピッキングの味	薄い	濃い
ジャンル	ロック、メタル等	ブルース、ジャズ等

前腕で生成したエネルギーの伝達とサウンド等の変化

6 前腕の回転をギターで体感する

身体操作

　前腕それ自体を回転させることは難しくなく、誰にでもできる。しかし、ギターを持ってみると急に手首や親指などで余計な動作を加えてしまう。そうならないために、改めて今度はギターとの関係性から前腕の回転を体感してみよう。

① 手を真っ直ぐにし、小指側を弦につける

　ピックを持たずに手を真っ直ぐにして、小指側を弦につけてみよう。今は前腕の回転を確認するだけなので、ピックは持たなくていい。センター PU の位置に置いているのは動きを分かりやすくするためであり、必ずここで弾くということではない。

② 小さく前腕を内回転し、戻す

　写真 31 の状態から前腕を小さく内回転させ（写真 32）、また真っ直ぐに戻してみよう（写真 33）。すると小指が弦にこすれる感覚があるはずだ。

写真 31

写真 32／ネック側

写真 33／ブリッジ側

③ 前腕を大きく回転させる

　前腕を大きく回転させると写真 34 の状態から写真 35 のように小指が弦から浮き、掌と弦が水平になる。ここからからまた写真 34 のように真っ直ぐの位置

写真 34

写真 35

写真 36

に戻す。とりあえず前腕が回転しているということは分かると思う。ちなみに、**写真36**は前腕が外回転（掌が上を向く）しすぎている。実際のピッキングでここまで外回転することはない。

④ 間違った動作

　写真37から38は手首を使って手を反らせているだけで、前腕が回転していない。

写真37　　　　　　　　　　　写真38

　これが実際のピッキングとどうつながっていくのかは、実践編第一章で説明する。

7　前腕の回転から生じるピッキングライン

　実際のピッキングに入る前に、前腕の回転から生じるピッキングラインについて説明する。ピッキングラインとは、八幡式ピッキングの身体操作に乗っ取ってピッキングしたとき、理論上ピックがたどるラインのことである。それを知っておくことで、身体操作の習得に以下のような効果が生まれる。

- ■ 理論上正しい身体操作でピッキングする→正しいピッキングラインが形成される。
- ■ 理論上正しいピッキングラインを意識して弾く→ 正しい身体操作が形成される。

① 視点

ピッキングラインの解説に入る前に視点を説明する。

本書ではふたつの視点から弦とピッキングラインの関係性を解説する。

a 俯瞰

ギターのヘッドを右にして壁に立てかけたとき、あるいはギターを構えて写真を撮ったときの見え方（図20）。

これをアップにして弦だけを見ると図21のようになる。

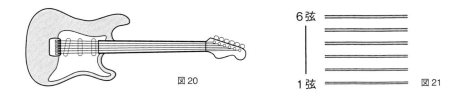

図20

6弦

1弦　　　　　　　　図21

b 断面

写真39の視点から弦の断面を見ているイメージ（図22）。

今後、このふたつの視点からピッキングラインを解説していく。

6弦　　　　　　　　1弦

図22

写真39

① 前腕の軸とピッキングライン

八幡式ピッキングで手首、肘、親指などを使わずに前腕の回転のみでピッキングを行うと、特定のピッキングラインが形成される。このラインを理解しておくことで前腕の回転でのピッキングがイメージしやすくなる。また、今後の実践編、応用編ではこのピッキングラインを使って身体操作を解説していくので、ここでしっかりと理解していただきたい。

　図23は MP 関節をロックした際、前腕と親指に生じる軸を抽出したものである。この親指の軸の先にピックがくっついているとしよう（実際は親指と人差し指で持っているのだが、分かりやすくするために図のようにしている）。前腕の軸を回転させると枝（親指の軸）が一緒に回転し、その先端についているピックも動く（図24）。このときに形成されるラインが、八幡式ピッキングにおける正しいピッキングラインである。

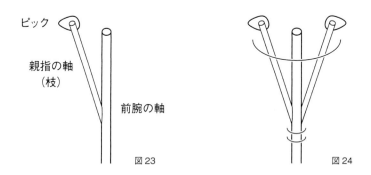

　図23　　　　　　　　　　　　　　　図24

このピッキングラインには、ふたつの法則がある。

■ 前腕の軸に対して垂直。
■ 弦の断面に対して立体的に弧を描く。

　まず前腕の軸とピッキングラインについて解説しよう。簡単に図で表すと図25のようになる。これを手で表すと図26のようになる。

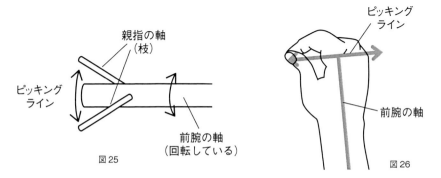

図 25　　　　　　　　　　　　　　　図 26

MP関節をロックし、手首、肘、親指を動かさずに前腕を回転させれば、必ず前腕の軸に対して垂直にピッキングラインが形成される。この法則を知っておけば、ピッキングラインをチェックするだけで今自分が正しいフォームでピッキングできているのかが分かるようになる。

　では次にピッキングラインと弦の関係性を説明しよう。

② 弦に対するピッキングライン

　弦に対するピッキングラインは、弦をあえて平行に捉えてみると分かりやすい。もちろん、ギターの構え方で弦にも角度がつくが、今はピッキングラインを捉えやすくするためにあえてこうしている。

　写真40は一般的に「順アングル」と呼ばれるフォームである。八幡式ピッキングでもこの角度は概ね同じである。

　この腕の中心に軸が通っており、前述の通りその軸と垂直にピッキングラインが形成される。それをイラストにすると**図27**のようになる。

写真40

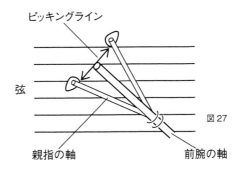

ピッキングライン

弦

親指の軸　　　　　　　　　前腕の軸

図27

　前腕が弦に対して斜めに入っていて、それが回転すれば前腕の軸に対して垂直にピッキングラインが形成される。もしわかりにくければ、単純に八幡式ピッキングでは弦に対して斜めにピッキングラインが形成されると覚えてもらえればよい（**図28**）。

　正確にどれぐらいの角度なのか知りたければ、前腕の軸を見れば算出できる。

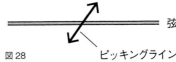

弦

ピッキングライン

図28

③ ピッキングラインの断面図

　上から見ると前腕の回転によるピッキングラインは直線に見えるが、断面図で見ると実際は図29のような立体的なラインが形成されている。

　弦に対して半円を描くようにピッキングラインが形成され、その半円の底の部分で弦にヒットしていると考えればよい。

　このラインを断面で見れば図30のようになる。重要なのは、ダウンであれアップであれ、弦にヒットした後ピックが必ず弦から浮いていくことである。これは後に説明する弦移動と密接に関係しており、八幡式ピッキングにおける最も重要な要素のひとつなので、ここでしっかり覚えていただきたい。この断面図は今後も多用する。

前腕の軸

図29

ピッキングライン

弦

図30

まとめ

重要単語

■ 軸

八幡式ピッキングでは前腕の真ん中と親指に軸が通っている。

■ 前腕の回転

掌を上に向けていくと外回転、下に向けていくと内回転。正しくは回内・回外というが、本書では使わない。

■ ピッキングライン

八幡式ピッキングで形成される理論上のライン。

ピッキングの動力

　■ 前腕の回転のみで行う。
　■ 親指、手首、肘は使わない。

軸

- ■ 前腕と親指に通っている。
- ■ 親指の軸はMP関節のロックでつくる。
- ■ MP関節をロックした状態で前腕の軸を回転させると親指の軸がくっついてくる。

ピッキングのエネルギー

- ■ 前腕の回転で生成。
- ■ それをロスせず弦に伝えるため、MP関節をロックする。
- ■ MP関節が緩んでいると前腕で生成したエネルギーをロスする。
  ただしそれが音楽的に必要な場合もある。

ピッキングライン

- ■ 八幡式ピッキングで形成される理論上のライン。
- ■ 俯瞰と断面のふたつの視点からチェック。

八幡式ピッキングの正しいピッキングライン

- ■ 前腕の軸に対して垂直。
- ■ 俯瞰視点で弦に対して斜め。
- ■ 断面視点で弦に対して半円を描き、半円の底で弦にヒットする。
- ■ 親指、手首、肘などでピッキングするとこのラインにならない。

基礎理論編 第二章総括

　冒頭で述べたが、八幡式ピッキング理論は三位一体、親指・前腕・肩がそれぞれ密接に関係している。従って本章では、ただ単に前腕の回転でピッキングをするということだけでなく、それが前章で学んだMP関節のロックとどのように関係しているかをしっかりと学んでいただきたい。また、フォームが正しければ理論上正しいピッキングラインが形成されるというところも非常に重要なポイントである。だんだんルールが増えてきて、読者は鋳型に嵌められるような窮屈さを感じているかもしれないが、独自に手を加えたり、自己流と混ぜたりせず、できるだけ忠実に行っていただきたい。

第三章 弦移動と肩

　八幡式ピッキングでは弦移動を肩で行う。これは「ギタリスト身体論」にも書いたが、本書ではそれを進化させ、細分化させた。

Quick Study !!

　弦移動の際、肩を使ってみよう。
　図31のように真っ直ぐ上下すると結果的に肩を使っていることになる。こうすることで弦移動がスムーズになるはずだ。
　図32のように肩を極端に引き上げないようにしよう。

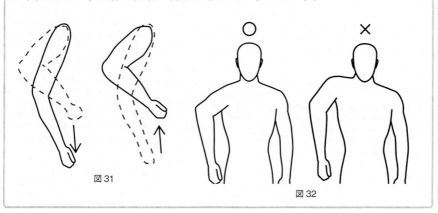

図31

図32

1 肩とはどこか？

　ひとくちに肩と言ってもイメージする箇所はそれぞれ違ってくるだろうが、八幡式ピッキングにおける肩とは三角筋のことである。
　三角筋とは、いわゆる肩幅をつくる筋肉で、腕を様々な方向に上げ下げする役割を担う。
　三角筋は前部、中部、後部と三部位に別れるが（図33）、ギターの弦移動に使うのは主に中部である。もちろん、三角筋の他の部位やその他の筋肉も同時に使うのだが、体感的な使用比率が多いことと、実際に自分で触って確認できることもあって、八幡式ピッキングでは三角筋中部のみを使って肩の使い方を解説する。以下、本書で肩あるいは三角筋というときは三角筋中部のことである。

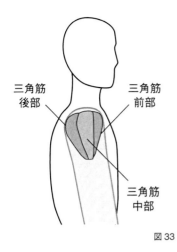

三角筋
後部

三角筋
前部

三角筋
中部

図33

　具体的な肩の使い方を解説する前に、これか
ら行うことは筋トレであることを明言しておく。
　八幡式ピッキングで肩を使って弦移動するた
めにはそこそこの筋力を要する。この事につい
て筆者も可能な限り脱力で弦移動する方法がな
いか疑ったが、どうしても三角筋を使い弦移動
する以外にベストな方法が発見できなかった。
　もしまだ三角筋に必要なだけの筋力がなけれ
ばトレーニングをしてつける必要がある。といっ
てもジムに通ったり、プロテインを飲んだりす
る必要はない。これから行う動きを練習するだ
けで徐々に三角筋の筋肉はついてくるはずだ。
　とにかく、八幡式ピッキングにおける弦移動では三角筋にしっかりと負荷がか
かるということを念頭に読み進めていただきたい。

2　腕を上げる際の注意点

　まずだらんと腕を下げた**図34**の状態から**図35**のように肘を横に動かしてい
く、するとだんだん腕が開きながら持ち上がっていく。
　このとき注意しなければいけないのは、三角筋以外の筋肉を無意識的に補助と
して使ってしまうことである。

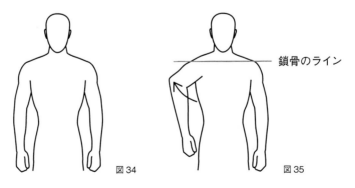

鎖骨のライン

図34　　　　　　　　　　　　　　　図35

　三角筋で腕を上げていると、**図35**のように鎖骨のラインがちょうど一本の線
を引いたように真っ直ぐになる。一方、**図36**は鎖骨のラインが右半身だけ乱

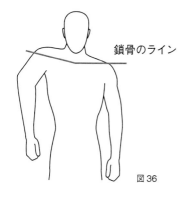

鎖骨のライン

図36

れている。これは、三角筋ではなく、その他の筋肉を補助として肩全体を浮かせているからである。こうなると三角筋にかかる負荷が減ってしまうので、肩は楽に感じるが、右腕全体が不安定になり、精密な弦移動ができなくなる。もちろん三角筋も鍛えられない。だから鎖骨のラインが真っ直ぐなまま三角筋だけで腕を上げるようにしたい。そのためにはまず三角筋を感じることが重要である。

3 三角筋で腕が上がっていることを体感する方法

　ではその三角筋を体感する方法を紹介しよう。

① 右腕をだらんと下げて、左手で右の三角筋を触る。

　この時点で三角筋はまだ緊張していない。

② わざと肩（全体）を上に上げてみる（図37）

　三角筋を触り続けたまま、わざと右の肩（この場合三角筋ではなく全体）を上に上げてみる。すると三角筋がまだ緊張していないのが分かるだろう。こちらは間違った肩の使い方である。

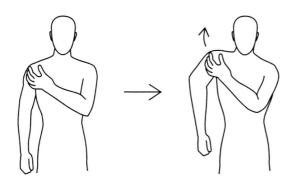

図37

③ 肘を横に開いていく

　今度は図38のように鎖骨のラインを真っ直ぐにしつつ、右肘をゆっくり横に

開いてみよう。するといきなり三角筋にピクッと緊張が走るのが分かるはずだ。そのまま肘を開いていくにつれ、手がだんだん上に上がっていく。そうすると三角筋の緊張が高まっていく。限界まで腕を上げたら恐らく三角筋がパンパンに張ってそのままの状態でいるのが辛くなるはずだ。

　こちらが八幡式ピッキングにおける正しい肩の使い方である。この三角筋がパンパンの状態でギターを弾くので、かなり筋力が要るのが分かるはずだ。このようにして、右肩（三角筋）を触りながら、鎖骨のラインを崩さずに腕の上げ下げを繰り返し、まずは三角筋を鍛えよう。ある程度続けていれば右手で触らなくても三角筋で腕を動かしていることが分かるようになってくる。

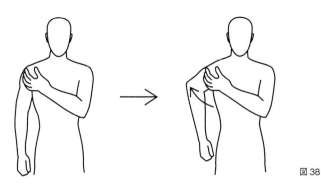

図38

4　三角筋を使って右手をギターに合わせてみよう

　三角筋を使って腕を上げる方法は理解していだけたと思う。では実際、どのようにギターにアプローチすればいいのかを説明しよう。

① ギターを持つ
　図39のように右腕はだらんと垂れた状態でギターの前に出す。ピックは持っても持たなくてもいい。
② 三角筋で腕を上げる
　三角筋を使って腕を上げる。このとき肘から先は脱力していると図40のように真下に向いている。
③ 肘から先をギターに合わせる
　次に肘から先を曲げてギターに合わせる。必ず②の動作を行ってからこちらの

動作に移行しよう。先に肘からギターに合わせにいくと三角筋のトレーニングにならない。このとき、小指をブリッジに沿って真っ直ぐにしておく（**図41**）。

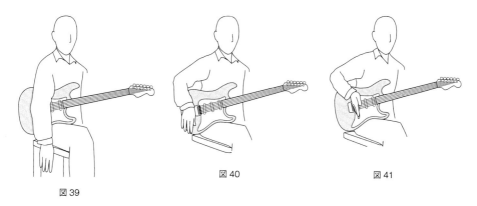

図39

図40

図41

④ 小指の第二関節を6弦と同じ高さに合わせる

最後に、そこから小指の第二関節が6弦と同じ高さになるまで、改めて三角筋で挙げる（**図42、写真41**）。ここが弦移動の最も高い位置となる。なぜ小指の第二関節が基準になるのかは後述する。

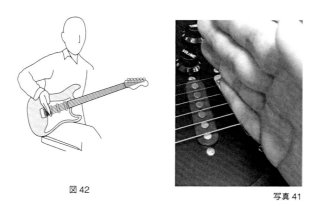

図42

写真41

恐らく②の時点でも三角筋がきついと思うが、④になるともう耐えられないほどの辛さを感じるはずだ。しかし、それは正しい感覚である。よほど普段から三角筋を鍛えている人以外は、この運動は相当辛いものとなる。八幡式ピッキングでは、この辛さに耐えてしっかり三角筋を鍛える必要がある。

自分の腕を上げるだけなので怪我をすることはまずないと思うが、もしこの運動を続けていて痛みや違和感が継続するようなら一旦中止して医者に診てもらおう。逆に、このように腕を上げても全然辛くもなんともないという場合は、一度フォームを疑った方がよい。筆者のレッスンでの経験上、力仕事に携わる男性でも三角筋で数回腕を上げ下げすればすぐに辛さを訴える。最初から平気そうにしているのはバレエ経験者ぐらいである。だから筋力に自信がある人でも最初は間違いなく辛いはずだ。もしそう感じないとすれば、腕を上げる際フォームが崩れて三角筋以外でも補助していると考えていいだろう。

5　肩と肘

　三角筋を使って腕を上げる際、肩はもちろんだが、肘も同時に動く。この二つの部位の関係性を知っておくことでより弦移動がイメージしやすくなるだろう。

　便宜上人体を平面として捉え、肩と肘にそれぞれヒンジ（蝶番）が打ってあるとする。その場合、図43のように肩、肘がそれぞれ独立して左右に開き、動かすこともできればある一点で固定することもできる。

　八幡式ピッキングでの弦移動は、図44のように、肩と肘が両方動いて、手が真っ直ぐ上下する（ただし肘はあくまで三角筋に釣られて動く程度）。

　図45は肩が動いているが肘は固定されている状態。だから腕が横に開いていくので弦移動にならない。

　図46は肩が固定されて肘だけ動いている、いわゆる「肘振り」のフォーム。これでも弦移動はできるが様々な弊害があるので八幡式ピッキングでは採用しない。

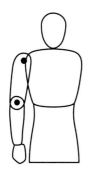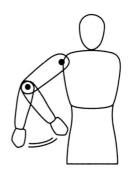

図43

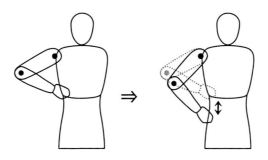

図 44

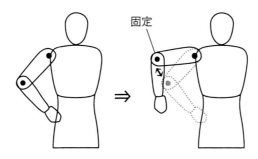

固定

図 45

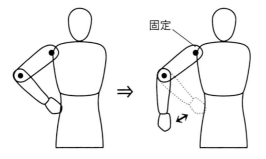

固定

図 46

> ## まとめ
>
> **重要単語**
> ■三角筋
> 弦移動を肩で行う際使う筋肉。
> ■小指の第二関節
> ピッキングする弦と小指の第二関節を合わせる。詳しい解説は後述。

基礎理論編 第三章総括

　第三章では弦移動の身体操作を解説している。八幡式ピッキングでは肩で弦移動を行う。その際使う筋肉は三角筋である。この三角筋での弦移動は筋トレの部類に入る。ここはきつくても我慢して筋肉を鍛えるつもりで行おう。

第四章 八幡式ピッキングにおける弦移動と
　　　　　ピッキングのメカニズム

Quick Study !!

　前腕の回転でピッキングすると、ダウン・アップそれぞれを弾き終わった時点でピックが弦から浮く（図47-1）。

　その状態で肩を使い真っ直ぐ弦移動すると合理的に弦移動を行うことができる（図47-2）。

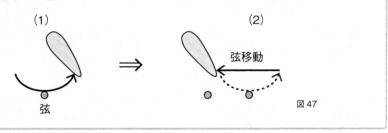

図47

1 一般的なピッキングと弦移動

　八幡式ピッキングの仕組みを一通り説明したところで、実践編に入る前に弦移動とピッキングのメカニズムについて解説しておきたい。

　八幡式ピッキングは、三角筋による弦移動と前腕の回転によるピッキングが相互に補助し合って成立している。そのことを理解してもらうため、まず一般的なピッキングと弦移動のメカニズムを解説し、その弊害を認識し、最後に解決策としての八幡式ピッキングにおける弦移動とピッキングのメカニズムを説明する。回りくどいかもしれないが、本章は八幡式ピッキングの根幹のひとつでもあるので、ご精読いただきたい。

　一般的に、ピッキングは手首か肘で行う。あるいは親指の屈伸を使う人もいるだろうが、これらは全てピッキングラインが共通している。手首、肘、親指いずれでピッキングしても、**図48**のように弦に対して直線的なラインを描くこととなる。

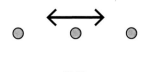

図48

では、こういったラインでピッキングしているとき、弦移動はどのようなラインになるだろう？

例えば、1弦をダウンピッキングし、次に2弦をアップピッキングをするとしよう。

図49を見てほしい。

まず1弦を平行にダウンピッキングする（1）、次に1弦を弾かずに2弦をアップピッキングしたい。

ここで弦と平行にダウンピッキングした軌道でそのまま戻っていくと、必ず1弦に当たってしまう（2）。

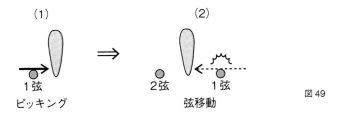

図49

それを回避するために、1弦をダウンピッキングした後、どうにか1弦をスルーして2弦をピッキングする必要がある（図50）。

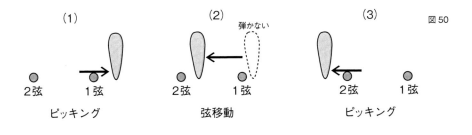

図50

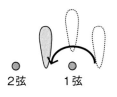

図51

ではどういった方法で1弦をスルーするのか？

恐らくほとんどの読者は弦移動の際、一瞬手首を反らせて図51のようなラインを作り、ピッキングを回避しているはずだ。

しかし、この方法では以下の問題が発生することになる。

① 弦との距離感が常に不安定

弦移動の際、手首を使って弦を回避すると、弦移動した後改めてピッキングする際、ピックが弦に対して浅すぎたり、逆に深く沈みすぎるといったことが頻繁に起こってしまう（図52）。

フレーズに弦移動が入ると途端に空振りしたりピッキングが引っかかってしまうという人は、このように弧を描いて弦をまたいでいることが原因だと考えて間違いないだろう。

もちろん、これ自体訓練すればある程度の精度は出てくるが、テンポが速くなってくるとどうしても精密なコントロールが出来なくなる。

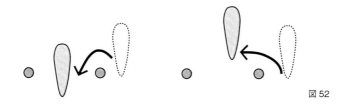

図52

② 弦移動の距離が長くなる

仮に図53のようなまたぐ動作をし、弦に対して毎回同じ距離感で移動できたとしよう。それでもこのように弦をまたぐことは非合理的である。なぜなら、弦移動の距離がどうしても長くなってしまうからだ。

図53は1弦をピッキングした後、大きく弧を描くように1弦をまたいでいる。仮にこれを図54のようなラインで行うことができれば、その分距離が短くなり、合理的な弦移動となるはずだ。しかし、先述の通り、このようなラインでは弦移動の際1弦に当たってしまう。どうにかして1弦にピックを当てずに図54のようなラインで弦移動できないものか……。この問題を解決できるのが八幡式ピッキングである。

移動距離が長い　　　　　　　　移動距離が短い

2弦　　　　1弦　　　　　　　2弦　　　　1弦

図53　　　　　　　　　　　　　　図54

2　八幡式ピッキングの弦移動

　弦移動を説明する前に、八幡式ピッキングのピッキングラインをおさらいしよう。

　八幡式ピッキングは前腕の回転でピッキングを行う。その際、図55のようにダウン・アップそれぞれのピッキングをし終わった時、必ずピックが弦から浮いている。この、ピックが弦から浮いた瞬間であれば直線的に弦移動してもピックは弦には当たらない。

弦

図55

　（1）1弦を前腕の回転でダウンピッキング。
するとピッキングし終わった段階でピックは弦から浮いている。

　（2）その位置をキープしたまま基礎理論編第三章で説明した肩を使った弦移動を行う。するとピックが弦に当たらずに真っ直ぐ弦移動することができる。身体操作で見ると図57のようになる。

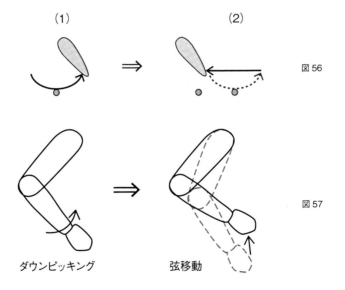

図56

図57

ダウンピッキング　　　　弦移動

　これは、前腕の回転によるピッキングと肩を使った弦移動両方を行うことではじめて成立する。これが八幡式ピッキングにおける弦移動とピッキングのメカニズムである。

　筆者は冒頭で、八幡式ピッキングは体系であり、部分だけを抽出しても意味がないと述べたが、その一旦が改めてここでご理解いただけただろう。

> **まとめ**
>
> **重要単語**
>
> **■ピッキングライン**
> 八幡式ピッキングで形成される理論上のライン。
>
> **■弦移動のライン**
> 八幡式ピッキングで弦移動したときに形成される理論上のライン。
>
> **■弦をまたぐ**
> 弦移動の際、ピックが弦に当たるのを回避する動き。多くは手首で弧を描くように弦を回避するが、非合理的。

基礎理論編 第四章総括

　第四章は弦移動をいかに合理的に行うかを八幡式ピッキングの身体操作から説明している。たかが弦をまたぐだけの動作だが、多くのギタリストはその壁にはばまれて先に進めなくなっている。従って、弦移動にも何らかの理論やメソッドが必要となるはずだが、現状、皆無といっていいだろう。そういった状況をかんがみ、筆者はピッキングの体系のひとつとして、八幡式ピッキングから生まれる弦移動理論を構築した。

実践編

第一章　ピッキングをしてみよう

■本章では実際にギターを弾いてみて、改めてフォームやサウンド、タイム などについて考察する。

■まずは下記のように1弦を弾いてみよう。

写真42

① 小指の第二関節を1弦に合わせる（**写真42**）。
② そのまま手を弦にかぶせるようにして倒してく る（**写真43**）。
③ 1弦とピックをくっつける（**写真44**）。
④ そこから前腕を外回転させ振りかぶる（**写真45**）。
⑤ 前腕を回転させてピッキング。

全行程において、MP関節が緩んで親指が曲がら ないように気を付けよう。

写真43

写真44

写真45

1 ピッキングのためのルーティン

まずギターを弾く前に以下のルーティンを必ず行うようにしてほしい。

①ピックを持つ。
②腕をギターの前面にだらんと垂らす。
③三角筋で腕を引き上げ、小指の第二関節を弾きたい弦に合わせる。

それぞれについては基礎理論編で詳しく解説してきたので、忘れてしまった方は戻って復習していただきたい。

特に②③については、何かを弾いて手を止めるたびにいちいち行ってほしい。めんどくさいし、まだ三角筋の筋肉がついていない場合はきついだろうが、こうした行程を踏まえていかないとフォームが定着しない。

また、p.44、45 で説明した鎖骨のラインにも気を付けよう。腕を挙げたときに右肩が全部浮いてしまうとNG。以下この点については言及しないが、ギターを弾くたびに必ずチェックするようにしてほしい。

2 八幡式ピッキングフォームの実践

〈基礎理論編第二章 6 前腕の回転をギターで体感する〉で、ピッキングのためのおおまかな身体操作を説明したが、今回はそれを使って実際にピッキングを行う。
①基礎理論編第一章で説明した八幡式ピッキングの正しいフォームをつくる
（p.23　写真 28 参照）
②伸ばした小指を弦の上に置く（写真 46、47）

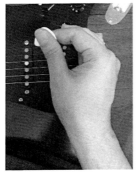
写真 46

写真 47

ピックを持っていないとすると、**写真 48** のように手が真っ直ぐになっている状態。

③ **弾きたい弦と小指の第二関節を合わせる**

1弦を弾く場合、小指の第二関節を1弦に合わせる（**写真 49**）。

手の位置を小指の第二関節の高さに合わせることによって、前腕を回転させればちょうどピックが弦に当たるようになる。ただしこれは個人差もあるのでひとつの基準として覚えておいていただきたい。人によっては多少上下する場合もあるだろう。その辺は臨機応変に対応してほしい。

写真 48　　　　　　　　　　　写真 49

④ **小指を弦につけたまま手を倒して一度ピックを弦に当てる**

そこから**写真 50** のように手を倒してきて（見えないが小指は弦につけたまま）、1弦にピックを当てる。このときまだピッキングはしない。あくまでピックと1弦が触れているだけ（**写真 51**）。

写真 50　　　　　　　　　　　写真 51

⑤前腕を外回転させて振りかぶる。

写真 52

ピックが弦についている状態から、**写真 52** のように一度振りかぶる。そうすると小指が弦に当たっているはずである。ここまでがピッキングの準備段階。

なぜわざわざこのような手順を踏むのかを説明しよう。

まず、八幡式ピッキングのピッキングラインを思い出していただきたい（**図58**）。このようなラインを描くためには、必ずアップ・ダウンどちらかの始点から始める必要がある。仮にピックが弦についた状態からだと、無意識的に**図59**のような平行なピッキングラインを描くことが多くなる。

八幡式ピッキングの
ピッキングライン

ここから
ダウン
ピッキング

ここから
アップ
ピッキング

図 58

図 59

従って八幡式ピッキングでは、必ず一度前腕の回転で振りかぶってからピッキングをスタートさせる。アップから始める場合は、一度弾きたい弦をダウンピッキングし、前腕を十分内回転させてからスタートする（図60）。

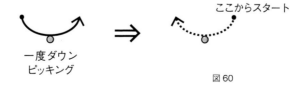

一度ダウン
ピッキング

ここからスタート

図 60

⑥ 前腕を内回転させてダウンピッキング

⑤で振りかぶったら、そこから前腕を内回転（手の甲が上に向く）させてダウンピッキング。ダウンピッキングすると小指は弦から浮いていく（**写真 53**）。

写真 53

⑦ 前腕を外回転させてアップピッキング

　ダウンピッキングしたところから今度は反対方向に回転させればアップピッキングとなる。アップピッキングをすると、必ず小指が弦につく。もちろんその手前で止めることもできる。とりあえず最初は小指が弦につくところまで外回転しよう。そうすると、出している音はミュートされる。

　このダウンピッキング、アップピッキングの細かい動きは、基礎理論編第二章で確認していただきたい。

3　実際のピッキングと理論上のピッキングラインを照合

　基礎理論編で説明した八幡式ピッキングにおけるピッキングラインは、

■ 前腕の軸に対して垂直
■ 弦に対して立体的

であった。もしこの「前腕の軸に対して垂直」がどうしてもイメージし難かったら、図61のように弦に対して斜めにピッキングすると捉えてもらっても構わない。ざっくりとそういう捉え方をするだけでも前腕の回転がスムーズに行いやすくなるだろう。

　弦に対する立体的なラインも既に説明済みだが、改めて主観で見ると、ダウンは見え難いが、アップが手前に浮き上がってくるように見えるところが特徴だ。ただ、これを写真で理解してもらおうとすると実際よりも大げさに回転しないと伝わらなくなり、その通りに行うとやりすぎとなるので、写真は割愛する。

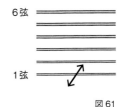

図61

4 ストラトにおける小指の処理

　ここまで八幡式ピッキングを行ってきて、ストラトをお使いの方は小指の処理に困っているのではないだろうか？ そこで、ストラトに限定した小指の使い方を解説しよう。

　1弦を弾く際、小指の第二関節を1弦に合わせる。すると小指が下に伸びていく。このとき、一般的なストラトを使っていると、小指はヴォリュームノブとトーンノブの間に入るようなかたちとなる。ここから弾く弦が2弦、3弦と上がっていくと、小指はヴォリュームノブより上に来る。そうすると比較的自由に手が動かせるようにはなるが、それでも小指は曲げずに、いつでもヴォリュームとトーンの間にはいれるように真っ直ぐにしておくべきである。**写真55**は4弦に小指の第二関節を合わせており、小指はヴォリュームノブより上にあるが、まだ真っ直ぐ伸びている。**写真56**は小指が曲がっている。このまま1弦まで弦移動すれば小指がヴォリュームノブに当たって邪魔になる。

写真54

写真55

写真56

　ストラト以外のギターや、ストラトでもフェンダーじゃないギターをお持ちの方は、さほどこの問題を気にしなくてもいいだろう。

　このように小指をヴォリュームとトーンの間に入れるのは、ヴォリューム調節のためではなく、純粋にフォーム上の問題からである。余談だが、こういったフォームで弾いていると、当然小指がヴォリュームに頻繁に触れ、ヴォリュームノブを知らないうちに回してしまい、音が小さくなっているということがよくある。筆者はヴォリュームノブを回りにくい硬いものに交換している。フェンダーのストラトをお持ちの方は一考の価値はあるだろう。

5 前腕の回転とMP関節のロックで得られるサウンド

　ではここで、八幡式ピッキングを正しく行ったときに得られるサウンドについて説明しよう。

　■ 軽く弾いているのに音が大きい
　■ しかもピーキーではなく、クリア
　■ 発音が速い

　もちろん個人差はあるし、ギターによっても異なってくるが、八幡式ピッキングを正しく行えば、概ね誰でもどんなギターでも上記のようになることはレッスンにおいて確認済みである。「発音が速い」については後に詳しく解説するので分からなければ飛ばして構わない。
　仮に上記のようになっていないとすれば、以下の原因が考えられる。

【音が大きくは感じない】
　[原因]：MP関節のロックが甘い。
　[対策]：もっと親指をしっかりと伸ばしてMP関節のロックを確認しよう。
　これは元々のピッキングにもよるのだが、特にいつもと違いを感じない、あるいはちょっと音が変わったけど大きくなったとは思えない場合、間違いなくMP関節が緩んでいる。仮に前腕の回転がしっかり使えていたとしても、MP関節の緩みでエネルギーが逃げてしまっているのだろう。
　MP関節をしっかりとロックすれば誰でもすぐわかるぐらい音は大きく、しかもクリアになる。まずはそこを目指してみよう。

【音は大きくなったがピーキーで耳障り】
　[原因1]：MP関節はロックされているが、人差し指をピックに押しつけている。
　[対策1]：人差し指を脱力してピックに押しつけないようにする。

　[原因2]：親指をピックに押しつけている。
　[対策2]：まずピックを持たずに親指を伸ばしてから、ピックをあてがうように親指にくっつけ、人差し指で優しく挟む。

　音は大きくはなったが、ピーキーで耳障りということがある。ギターにもよるが、高音が耳に痛い感じがしたら、楽器や機材ではなく、まず人差し指の力みを疑おう。基礎理論編で述べたが、八幡式ピッキングでは人差し指はイコライザーの役割を果たす。ピックに対して人差し指を押しつければ音は大きくなるが、ハイが不必要に持ち上がり、どんどんピーキーになっていく。逆に人差し指をふわっとピックに乗せる程度にすると音質はフラットなまま音が大きくなってくれる。

　また、人差し指ではなく最初から親指をピックに押しつけているケースもある。その場合、親指とバランスするため、当然人差し指もピックに押しつけることとなる。

【発音が遅い、弦にからまる感じがする】
　[原因]：MP 関節が緩んでいる。
　[対策]：親指を伸ばし MP 関節をロックする。

　なんとなく発音が遅いと感じたり、ピックが弦に一瞬絡まってから発音されている感じがしたら、MP 関節が緩んでいると考えていいだろう。MP 関節が緩んだ結果、ピックと指の間に遊びができ、その遊びがクッションとなり、発音が遅れたり弦にピックがからまったりする。ただしこれはジャンルによっては最適なピッキングとなり得るので、除外する必要はない。八幡式ピッキングでは MP 関節のロックを基本としながらも、最終的には MP 関節の閉め具合をジャンルやフレーズに合わせてコントロールすることを目指す。

【ピックが弦にひっかかる】
　[原因１]：手首か肘でピッキングしている。
　[対策１]：前腕の回転でピッキングする。

　[原因２]：ピックが弦に対して深く入りすぎる。
　[対策２]：ピックを弦に対して浅く当てる。

　ピックが弦にひっかかる場合は、恐らく前腕の回転がうまく機能しておらず、手首か肘でピッキングしているはずだ。ピッキングしながら右手をよく観察し、前腕が回転しているかどうかを見極めよう。特に、アップピッキングで弦にひっかかるケースでは、手首の屈伸（おいでおいでの動作）を使っている可能性が高い。
　写真５７はダウンピッキングし終わった状態。この場合、**図62**のようにピッ

クが弦から急上昇するようなラインとなる。こちらはあまりひっかからないが、問題はアップのとき。

　写真58はアップピッキングし終わった状態。このように手首の屈伸を使ってアップピッキングすると、ピッキングラインは**図63**のように弦に急降下する。従ってアップピッキングだけは弦にひっかかってしまう。

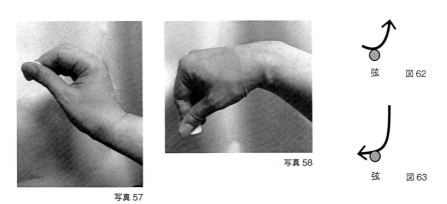

弦　　図62

写真58

弦　　図63

写真57

6　ピックと弦の距離　押弦による弦高の変化

　ピックが弦に当たる深さによってサウンドやピックから感じる抵抗が変わるということは、ある程度ギターを弾いていれば分かることだろう。しかし、弦の位置（指板から弦までの距離）は常に一定ではないということを理解しているギタリストは少ない。といっても、ネックの状態によって弦高が変わるという意味ではない。

　図64は1弦開放をぎりぎりのところでピッキングしている。ピックをその位置に保ったまま、1弦12Fを押さえると、弦が沈み、同じ位置でピッキングすると空振りする（**図65**）。また、押さえるフレットの位置が変われば弦高も変わってくる。1弦1Fと21Fで比べてみれば体感できるはずだ。

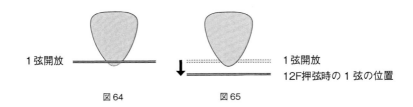

1弦開放

1弦開放
12F押弦時の1弦の位置

図64　　　　　図65

　このように、開放弦と押弦した場合で弦高は著しく変わってくる。しかし多くのギタリスト（特に、ある程度弾ける者）はそれに気づかず、ピックが弦に当たる位置を無意識に開放弦で確認し、弦高は基本的にそこから変化するものではないという前提で弾いている。筆者もそうだった。もちろんそこから開放弦だけを弾くのなら弦高は変わらないが、フレットを押さえて弾くとすると、弦高が下がってピックの位置が合わなくなり、理論上は空振りする。しかし、実際には空振りにならずにちゃんと発音していることになる。これはどういうことか？

　よくよく右手を観察していると、一度開放弦でピックの位置を合わせた後、フレットを押さえていざ弾く際に、無意識的に親指を伸ばすか手首を曲げてピックを弦高が下がった位置に合わせて弾いているのである。そうなると、せっかく整えたフォームが弾き始めから崩れてしまう。ほんの少し親指が下に曲がるだけ、ほんの少し手首が曲がるだけなのだが、実際、そのせいで力みが生じ弾けるフレーズも弾けなくなってしまうのである。

　とはいえ、全てのピッキングを押さえるフレットに合わせて調節することは不可能だし、実際1フレット刻みで弦高が変わるわけでもない（理論上は変わるのだろうが、体感はできない）。まずは押弦による弦高の変化をざっくりと3種類ぐらいに分けてもいいだろう。

- ■開放弦〜7Fまで押弦→弦高が高い
- ■8F〜14Fまで押弦→弦高がやや低い
- ■15F〜最高Fまで押弦→弦高が低い

これらに合わせてピックと弦がぎりぎり触れ合う距離を探っておくと、イメージした距離感を保てるようになるだろう。

7　八幡式ピッキングにおけるミュート奏法

　右手で行うブリッジミュートについて説明する。今回は6弦をミュートして弾いてみよう。まず1で説明したルーティンで6弦にピックを合わせる。

① ピックを持つ。
② 腕をギターの前面にだらんと垂らす。
③ 三角筋で腕を引き上げ、小指の第二関節を6弦に合わせる。

恐らくほとんどの読者は三角筋がきつくてキープすることすらできないか、既に鎖骨のラインが崩れてしまっているだろう。その場合は、5弦にしても構わない。それでも苦しいという方は、とりあえず今は低音弦をミュートで弾く際の注意点を説明したいので、肩に関しては不問とする。

　一般的な低音弦ミュートは、**写真59**のように小指側の掌の手首に近い部分で行う。しかしこれではすぐに疲れてしまったり、タイムが安定しないことも多い。そこで、低音弦ミュートも八幡式ピッキングの理論通り、小指の第二関節を弦と同じ高さに合わせてから行う（**写真60**）。

写真59　　　　　　　　　　　　　　　　　　　写真60

　ここから〈本章2八幡式ピッキングフォームの実践〉で説明した通り、手を弦の方に倒していき、弦の少し上から前腕を回転させてピッキングする。そうすると、ダウンピッキングした際小指が弦から離れる。読者は『それじゃあミュートが台無しになる！』と思われるだろうが、実際はそうではない。

小指が離れてもミュート可能

　一般的にブリッジミュートとは、手のどこかを弦にずっとくっつけておかないといけないものだとされているが、八幡式ピッキングでは、ダウンピッキングで一旦小指が弦から離れ、アップピッキングで弦にくっつくことによりミュート効果を発生させる。

① ダウンピッキングでブリッジミュート

　連続ダウンピッキングでブリッジミュートをしたい場合、ダウンピッキングを行った直後、すぐに前腕を外回転（手の甲が下に向かう）させ、小指を弦につけ

る。すると一般的なブリッジミュートと同じ効果が得られる。ただしここで気を
つけることは、実際に弦をアップピッキングをしないこと。詳しい身体操作は応
用編で述べる。

　また、前腕の外回転で小指を弦につけにいく際、小指で弦を押すと音がシャー
プして音程が変わってしまう。小指は軽く弦に触れるようにしよう。

② オルタネイトピッキングでブリッジミュート

　オルタネイトピッキングをすると、アップピッキングと同時に弦に小指がつく
ので、自動的にミュートされる。テンポが遅い場合はダウンピッキングの際音が
ミュートされず伸びてしまうが、ある程度テンポが速ければダウンで小指が弦か
ら離れてもサウンド上はブリッジミュートしているように聞こえる。

ミュートする位置

　エレキギターのブリッジミュートは、ハーフミュートも含めてかなりブリッジ
に寄せた位置で行うのが定石である。しかし八幡式ピッキングにおける右手小指
でのブリッジミュートは、ブリッジからある程度ネック側に離れても問題ない。
ブリッジからの距離でミュート具合やサウンドが変化するので、自分の楽器でど
の位置が適切か試してみよう（図66）。

8　MP関節のロックを調節し、サウンドやタイムの変化を確認しよう

　では本章最後に、MP関節のロックとサウンドやタイムの関係性について解説しよう。
　まず、基礎理論編で述べた通り、親指をまっすぐ伸ばしてMP関節をしっかり
とロックする。このまま弾くと音が大きくなり、ピックが弦にヒットしてから振
り抜くまでの速度が速くなる。

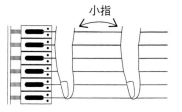

図66

　本書ではこのMP関節のロックを基本と
するが、緩めていったときにも独特の変化
が生じることにも言及してきた。ここでは
もう少し具体的に、どういった仕組みでど
んな変化が発生するのかを説明しよう。

まず、親指をまっすぐ伸ばし、MP関節がロックされた状態をつくる。そしてそこから図67の方向にMP関節をほんの少しだけふわっと緩めてみよう。

　その状態で弾くと、音が少し小さくなり、発音もほんの少し遅れる。MP関節を緩めれば緩めるほどその効果は高くなっていく。ではなぜそうなるのか？

　図68ではMP関節を緩めている。そうなるとまず前腕で生成したエネルギーがMP関節を緩めた分ロスするので、音が小さくなる。また、MP関節を緩めると、指とピックの間に若干隙間が生まれる。そうすると、ピックが弦にヒットした瞬間、ピックが一瞬指の間で遊び、弦に絡んでから少し遅れて振り抜くことになる。その結果発音が遅れる。

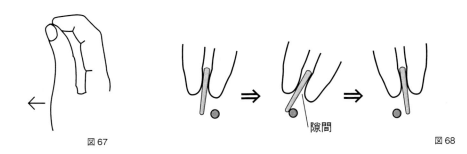

図67　　　　　　　　隙間　　　　　　　図68

　ではそうならないために、MP関節を常にロックし、速い発音をしておけばいいのかというと、そうでもないのが音楽の難しく奥深いところだ。例えば黒人ブルースギタリストのような味のあるピッキングがしたければMP関節をできるだけ緩めてピッキングにムラを作り、発音を遅らせた方がそれっぽくなるだろう。一方、速弾きやキレのあるジャストのカッティングがしたければ、できるだけ発音が速いほうがいい。また、ジャストで弾くことを良しとするジャンルでも、楽曲の中で一瞬だけ柔らかく少しモタったような表現が必要な場面もあるだろう。そうした異なる表現すべてをコントロールできるのが理想である。

　従来こうした細かなピッキングの味付けやタイムのコントロールは、「ピッキングのニュアンス」と言われ、秘伝として隠されてきた。より正確に言えば、実際にできる人はいても説明できる人がいなかった。それを今回筆者が体系化し、公開した。そう、ピッキングのニュアンス（発音、タイムのコントロール）の秘密はMP関節の開閉にあったのである！

ピッキングとレイテンシーについて

　まずはじめに、レイテンシー（latency）について説明する。レイテンシーは英語で「待ち時間」という意味だが、音楽用語としては「発音の遅延」と考えていいだろう。本書においては「ピックが弦に触った瞬間から発音されるまでのタイムラグ」と解釈していただきたい。

　レイテンシーが大きいほど発音が遅れ、小さいほど発音が速くなる。訓練すれば1／100秒単位（10msec）までは体感できるようになるだろう。体感的にこういったことがまだ分からなければ、以下は知識として覚えておいてもらいたい。

　我々はギターを弾く際、ついピッキングと発音が同じタイミングで行われていると錯覚している。しかし実際はピッキングと発音にレイテンシーが発生していることが多い。ジャストで弾いているはずなのに録音して聴いてみるといつも遅れているといったケースがそれである。

　仮に自分が「ここがジャストだ」と感じて弾いた瞬間を「意識のジャスト」としよう。その「意識のジャスト」が正しかったとしても、ピッキングと発音の間にレイテンシーがある場合、結局発音は遅れてしまう（図69）。

　一方、MP関節をロックして弾くと、「意識のジャスト」でピッキングしたのとほぼ同時に発音される。もちろん、レイテンシーがないことはないだろうが、ほとんど遅れを感じられない程度だろう（図70）。

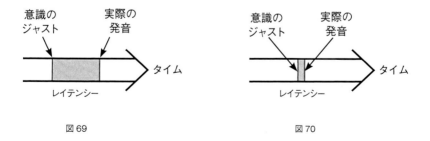

図69　　　　　　　　　　　　　　　　　図70

　これが演奏にどういう効果をもたらすのだろうか？

　図71は四分音符を見立てて、それに対し「実際のジャスト」「意識のジャスト」「発音」を表した図である。それぞれの意味は以下の通りである。

■ 実際のジャスト

　この場合四分音符と同じタイミング。できるだけここに近づけて発音したい。

■ 意識のジャスト

　『今弾けばきっと狙ったところで発音されるだろう』という主観的なタイミング。このタイミングでピッキングをする。

■ 発音

　実際に発音されたタイミング。レイテンシーがあれば発音は遅れる。

　図71はMP関節が緩んだフォームで弾いた際の発音のイメージ。ピッキングに必ずレイテンシーが発生するのだが、そのことを知らないでジャストに合わせて弾いている。ピッキングにレイテンシーがなければジャストで発音されるのだが、この場合MP関節が緩んでいるのでレイテンシーが発生し、発音は毎回遅れてしまう。

　もしMP関節が緩んだフォームのままジャストでの発音を狙うなら、レイテンシーを逆算し、その分早めに「意識のジャスト」を設定しなければならない。

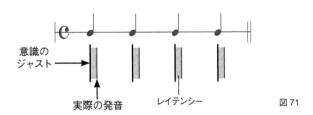

意識の
ジャスト →

実際の発音　　　レイテンシー　　　　　　図71

　図72はピッキングのレイテンシーを考慮した上で「実際のジャスト」から逆算し、「意識のジャスト」を早めに設定した図である。計算がピタっと合っていれば、「実際のジャスト」で発音されるので、結果的にタイムが合っていることになる。ある程度ギターが弾ける人なら、このように、レイテンシーを最初から計算して弾いているはずだ。とはいえ、常にレイテンシーを考慮して弾くのはかなりのストレスではある。どうにかしてピッキングのレイテンシーそのものを小さくできはしないだろうか……？

　その答えがMP関節のロックである。

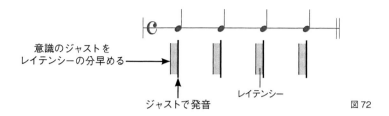

意識のジャストを
レイテンシーの分早める→

ジャストで発音　　　　　レイテンシー　　　　　　図72

　八幡式ピッキングでMP関節をロックして弾くと、ピックが弦に絡まなくなり、ピッキングのレイテンシーはぐんと小さくなる。だから「実際のジャスト」からいちいち逆算して弾かなくても、「実際のジャスト」と「意識のジャスト」を合わせて弾けばいいだけになる（図73）。当然、こちらの方がタイム感もよくなってくるし、ストレスが軽減され演奏に余裕が出るので、他の要素にも還元されるだろう。八幡式ピッキングでフォームを整えることによりタイム感が改善される理由は、こういった仕組みによるものである。

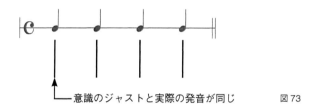

意識のジャストと実際の発音が同じ　　　　図73

まとめ

重要単語
ピッキング

■ 前腕の外回転

　アップピッキングの方向。手の甲が下を向いていく。

■ 前腕の内回転

　ダウンピッキングの方向。手の甲が上を向いていく。

■ ピッキングライン

　八幡式ピッキングで形成される理論上のライン。

　俯瞰と断面の二種類がある。

レイテンシー
- ■ レイテンシー

  ピックが弦に触れてから発音されるまでのタイムラグのこと（本書定義）。
  レイテンシーが小さい（低い）＝ タイムラグが少ない。
- ■ ジャスト

  発音したいタイミング。
- ■ 意識のジャスト

  自分が「今だ！」と思った瞬間。
- ■ 意識のジャストと発音のずれ

  MP 関節が緩んでいるとピッキングによるレイテンシーが大きくなり、ジャストに合わせて弾いても発音は遅れる。

実践編 第一章総括

　実践編では基礎理論編で学んだフォームを使ってギターを弾いてみる。右手だけだと簡単にできていたことが、いざギターを持つとできなかったり、ちょっとした動きに戸惑ったりしてしまう。その際、『音が出れば何でもいいや』としてしまうと全てが台無しになてしまうので、本章で紹介した手の位置や動きなどをよく読んで、慎重にフォームを整えてもらいたい。

　また、親指の緩み具合によるサウンドの変化、押弦による弦高の変化やレイテンシーなどについては、本来かなり弾き込まないと理解できないことだが、いずれもフォームに関係していることなので早めに提示した。分からない場合は飛ばしてもらって構わない。

第二章　ピッキングと弦移動のパターン及びその身体操作

Quick Study !!

　本章ではピッキングと弦移動の関係性をより詳しく解説する。ピッキング、弦移動、それぞれが弦に対してどういったラインを描いているのかを把握しよう。

　図74は弦の断面図を縦に見たものである。1弦を前腕の回転でダウンピッキングしたとき、ピッキングラインは半円状となり、最終的に弦からピックが浮く。そこから肩を使って弦移動すると点線のラインを移動するので、弦には当たらない。

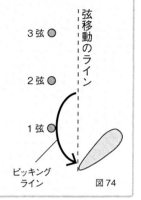

図74

1 ピッキングの振り幅と弦移動の目安

　ピッキングと弦移動の身体操作や、それらが互いにどう関係しているのかは既に説明した。本章ではまず、実際に弦移動を交えたピッキングを行う際、ピックが弦に対してどの位置からスタートし、どこまで移動するかを解説する。

ピッキングの振り幅

　八幡式ピッキングで弾くと、概ねお椀型のピッキングラインを描くということは既に述べた。このときの特徴を弦との位置関係から再度考えてみよう。

　図75は、八幡式ピッキングで弦を弾いたときに描かれる理論上正しいピッキングラインである。

　ラインの端がそれぞれピッキングの始点／終点となる。また、半円の底の位置がちょうどピックが弦に当たるヒットポイントとなる。

　このとき着目してほしいのが、ピッキングラインの振り幅だ。

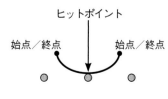

図75

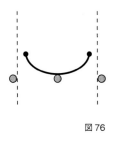

図76

前腕の回転でしっかりピッキングを行えば、振り幅は図76のようになる。ターゲットとなる弦を中心として、概ね上下の弦よりやや内側まで始点／終点が伸びていると考えればいいだろう。もちろん、ここから小さくしていくこともできるが、理論上図76のような振り幅と覚えておいた方がイメージしやすいので今はこのようにしておく。

　弦移動をする際、ターゲットに対する始点／終点の位置を理解していないと、フォームが崩れたり空振りや詰まりの原因となってしまう。

　例えば1弦をダウンピッキングし、弦移動して2弦をアップピッキングするとしよう。八幡式ピッキングの振り幅を適用すると、図77のようになる。特に1弦を弾いた後の弦移動の距離に注目していただきたい。弦移動だけ見ると2弦から離れ過ぎているように見えるが、ピッキングの振り幅を考慮するとこの位置がベストだと分かる。仮に弦移動で2弦にもっと近づくとどうなるか？（図78）

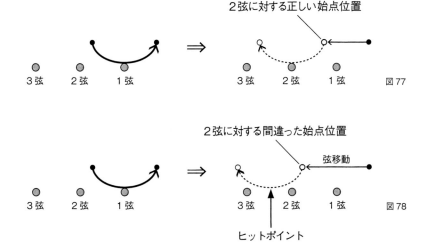

　図78は1弦をダウンピッキングした後、かなり2弦に寄せたところまで弦移動している。ここから八幡式で正しくピッキングを行っても、振り幅を考慮していないせいでヒットポイントがずれてしまい、理論上は空振りする。実際に弾くと、恐らく空振りを避けるために無理矢理手首などを使って2弦を弾くだろう。

そこでフォームが崩れてしまう。そうならないために、弦移動は必ず次のピッキングとその振り幅を想定して行う必要がある。

2 ピッキングと弦移動のパターン

　基礎理論編第四章では、前腕の回転によるピッキングと三角筋を使った弦移動がお互いを補完し合っていることを説明した。本章では、このピッキングと弦移動の代表的なパターンを抜粋して説明する。なお、「→」は弦移動である。

高音弦→低音弦

　仮に1弦→2弦とすると、

　①1弦ダウン→2弦アップ

　②1弦アップ→2弦ダウン

低音弦→高音弦

　仮に2弦→1弦とすると、

　③2弦ダウン→1弦アップ

　④2弦アップ→1弦ダウン

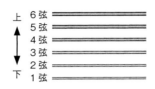

図79

　上記のパターンは、それぞれ弦移動のタイミング、距離、ピッキングラインが異なっている。ではひとつひとつ見ていこう。

　なお、本章で「○弦上」「○弦下」と表記した場合は、ギターを構えた状態で上か下かということである（図79）。

①1弦ダウン→2弦アップ

1弦をダウンピッキング

　まず1弦をピッキングする。このとき重要なのが、必ずダウンピッキングの始点まで振りかぶってから弾き始めること。弦にピックがついた状態からダウンピッキングすると、ピッキングラインが狂いやすくなる（図80）。

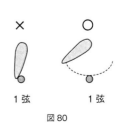

図80

ダウンピッキングの終点を確認

　正しく始点からダウンピッキングをすると**図81**の位置まで来る。ここでピックが弦から浮いていることが分かるだろう。この位置をキープしたまま肩で弦移動すれば絶対にピックは弦に当たらない。

　別の角度から見てみよう。

　図82は**図81**を反転させたものである。実線が前腕の回転を使ったピッキングライン、点線が三角筋を使った弦移動のラインである。見ての通り、弦移動のラインではピックは弦に当たらない。

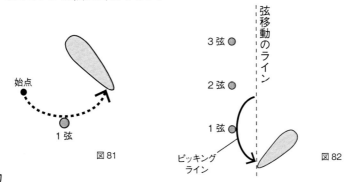

図81

図82

弦移動

　ダウンピッキングの終点から2弦に向かって弦移動する。ここで先述のピッキングの振り幅を思い出していただきたい。2弦アップをする際の振り幅を考慮すると**図83**のように1弦を越えてすぐの位置まで弦移動するのがベスト。

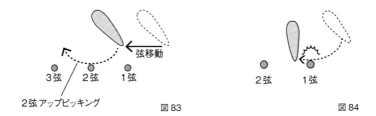

図83

図84

　このとき、ピックの角度に気を付けてほしい。1弦ダウンをし終わった時点で前腕は内回転している。そのまま肩で弦移動するから**図83**のようにピックが同じ角度を保てるのである。仮に弦移動しながら同時に前腕を外回転させ、アップピッキングの動きをはじめてしまうと、ピックは**図84**のような位置に移動する。

　この場合恐らく1弦にピックが当たってしまうだろう。

2弦をアップピッキング

弦移動が完了したところで前腕を外回転させ
てアップピッキング（**図85**）。

前腕が回転しているのでピックの向きは図85
のように変化する。

一連の流れを俯瞰で見てみよう。

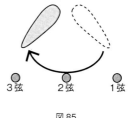

図85

1弦をダウンピッキング（図86）

図86は上から弦を見た状態。前腕の回転で弾くとピッキングラインはこの
ように斜めになる。なぜそうなるか忘れてしまった方は基礎理論編第二章に戻って
確認してもらいたい。

弦移動（図87）

1弦をダウンピッキングした後、1弦を少し越えたあたりまで弦移動。俯瞰で
見ると肩を使って真っ直ぐ上げていることが分かりやすい。

2弦をアップピッキング（図88）

前腕の回転で2弦をアップピッキングして終了。
もちろんこのときもピッキングラインは斜めになる。

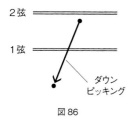

図86

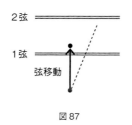

図87

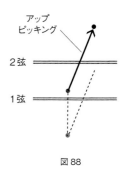

図88

② 1弦アップ→2弦ダウン

1弦をアップピッキング

今度は1弦アップから。まずは**図89**のようにダ
ウンピッキングの終点までピックを移動させておく。
ピックが弦にくっついたところからアップピッキン
グするのはNG。

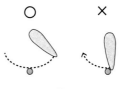

図89

ダウンピッキングの終点からスタートし、前腕を外回転させて1弦をアップ
ピッキング（図90）。

弦移動（図91）

　1弦をアップピッキングしたら、そのまま弦移動。次のダウンピッキングの振り
幅を見越して3弦の近くまで移動しておく。ピックの向きは変わらないので注意。

2弦をダウンピッキング（図92）

　最後に前腕を内回転させて2弦をダウンピッキング。

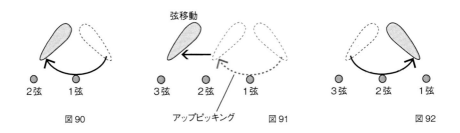

図90　　　　　　　　　　図91　　　　　　　　　　図92

　ではこれを俯瞰で見てみよう。

1弦をアップピッキング（図93）

　前腕の回転でピッキングするとピッキングラインが斜めになる。

弦移動（図94）

　肩を使って3弦の近くまで真っ直ぐ弦移動。

2弦をダウンピッキング（図95）

　前腕の回転で2弦をダウンピッキング。

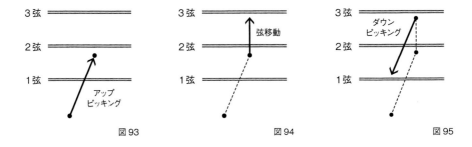

図93　　　　　　　　　　図94　　　　　　　　　　図95

③２弦アップ→１弦ダウン

ここからは低音弦→高音弦のパターンとなる。

２弦をアップピッキング（図96）

図96のようにダウンピッキングの終点から２弦アップピッキングをはじめよう。

弦移動（図97）

次の１弦ダウンピッキングの振り幅を考慮し、２弦すぐ下まで弦移動。

１弦をダウンピッキング（図98）

最後に前腕を内回転させて１弦をダウンピッキング。

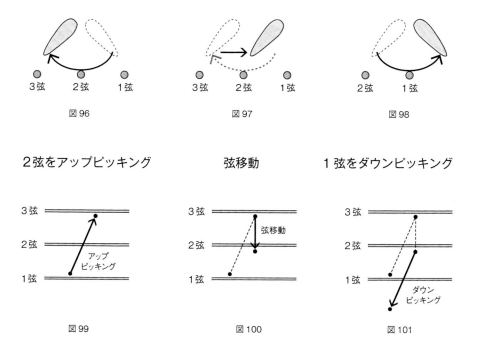

図96　図97　図98

２弦をアップピッキング　弦移動　１弦をダウンピッキング

図99　図100　図101

これを俯瞰から見ると図99〜101になる。なお、既にそれぞれのラインはご理解いただけていると思うので説明は省略する。

④ 2弦ダウン→1弦アップ

2弦をダウンピッキング（図102）

　アップピッキングの終点から2弦をダウンピッキングする。

弦移動（図103）

　1弦下まで弦移動。1弦より下に弦がないので目安が付け辛いが、次の1弦アップピッキングの振り幅をイメージして弦移動しよう。

1弦をアップピッキング（図104）

　前腕を外回転させ、1弦をアップピッキング。

これを俯瞰から見ると図105～107のようになる。

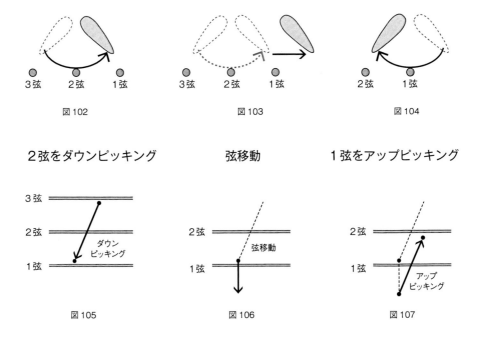

図102　　　　　　　　　　　図103　　　　　　　　　　　図104

2弦をダウンピッキング　　　弦移動　　　　　1弦をアップピッキング

図105　　　　　　　　　　　図106　　　　　　　　　　　図107

　以上が基本的なピッキングと弦移動のセットとなる。

まとめ

重要単語

■ **ピッキングの振り幅**

　前腕の回転でピッキングしたときに理論上形成される振り幅。

■ **ピッキングの始点／終点**

　ピッキングする前の位置と、ピッキングし終わったときの位置。

■ **○弦上、○弦下**

　弦を平行に見たときの位置。上から６弦→１弦。

■ **前腕の内回転**

　手の甲が上を向く。ダウンピッキング。

■ **前腕の外回転**

　手の甲が下を向く。アップピッキング。

■ **俯瞰**

　ギターのネックを右にして床に置き上から見た視点。

実践編 第二章総括

　基礎理論編ではピッキングや弦移動が単体でどういったラインを描くかを説明した。実践編本章ではそれらが弦と比較してどのようなラインを描き、どれくらいの距離移動するかを解説している。ピッキングにしろ弦移動にしろ、弦に対して一定のラインで動くことができれば、演奏はより精密に行える。もちろん、実際に弾いてみると思い込みや癖などが加わり、なかなか理論通りにはいかないが。

第三章　同弦上での弦移動

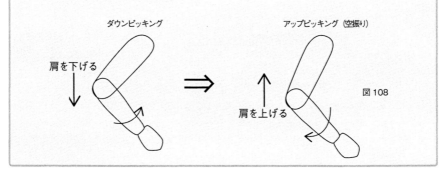
同弦上での弦移動

　弦移動というと、ある弦から異なる弦に移動することを想像するが、実は同弦
上での弦移動も存在する。それを知らなくてもほとんどの場合問題はないが、同
弦上の弦移動の仕組みを認識しておくことで、より合理的に弾くことができるよ
うになる。
　例えば、EX1 のように６弦をダウンピッキングで弾き続けるとしよう。この
ときのピックの動きを分解すると次のようになる。
① ダウンピッキング
② ６弦の下にあるピックを６弦の上に戻す（ピッキングはしない）
　②のときにダウンピッキングと同じ軌道でピックを元に戻そうとすると、ピッ
クは６弦に当たって発音してしまう。今回はダウンピッキングのみなので、どう

にかしてピックを6弦に当てずに6弦の上まで戻したい。そこで、本編第二章で説明したピッキングと弦移動の身体操作を行う。

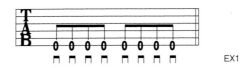

EX1

1 ダウンピッキング

6弦を連続ダウンピッキングで弾くとき、まず6弦をダウンピッキングする（図109）。そこから図110のように同じ軌道で戻っていくと6弦をアップピッキングしてしまう。これを回避しながら連続で6弦をダウンピッキングしたい。

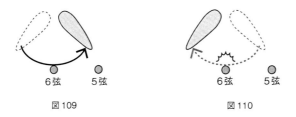

図109　　　　　　　　　　図110

2 肩で弦移動

6弦ダウンピッキング後、肩で弦移動し、6弦の上にピックを持ってくる（図111）。ただ、ここでひとつ問題がある。ダウンピッキングし終わったところから肩で弦移動しただけだと、前腕は内回転したままなので、ピックはダウンピッキングの終点にあることになる。ここから改めて6弦をダウンピッキングするためには一度前腕を外回転させて振りかぶらなくてはならない。しかし、この位置から振りかぶると図112のように6弦から遠くなりすぎる。

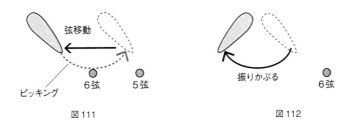

図111　　　　　　　　　　図112

そこで、最初に6弦ダウンピッキングしたところから少しだけ肩で弦移動したら、すぐに前腕の外回転を始める。このとき、**図113**のように振りかぶっても軌道上6弦に当たらないギリギリのラインを模索しよう。そうすると、弦移動と振りかぶる動作を同時に行えて、しかも6弦から比較的近い位置にいられる。それぞれのライン、6弦との距離の違いは**図114**参照。

　ここからダウンピッキングしてもまだ6弦には当たらない。再度肩で6弦にピックを寄せ、適切な位置に来たらダウンピッキングする（**図115**）。

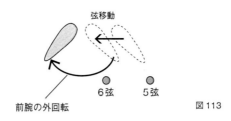

弦移動

6弦　　5弦

前腕の外回転

図113

6弦上まで弦移動してから振りかぶった位置

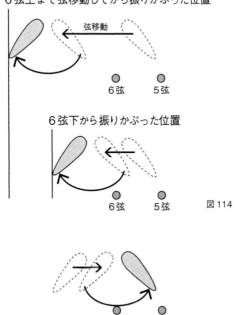

弦移動

6弦　　5弦

6弦下から振りかぶった位置

6弦　　5弦

図114

6弦　　5弦

図115

　これを繰り返すことによってスムーズな連続ダウンピッキングを行うことが出来る。理屈の上ではこのようになるが、実際は前腕の回転でピッキングしながら同時に肩を上下に動かしていればだいたい上記のような動きになっている（図116）。

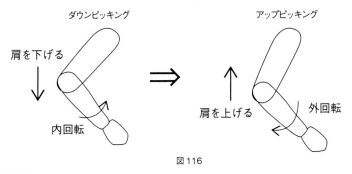

図116

まとめ

　第二章で説明したピッキングと弦移動のパターンは、いずれもダウン→アップ、アップ→ダウンと、交互に行っているので前腕は回転させていればよかった。しかし今回は連続ダウンなのでどこかで一度振りかぶらなくてはならない。しかし前腕を振りかぶるとその分弦から遠ざかる。その問題を、振りかぶるタイミングと細かな弦移動で解決している。

　余談だが、こういったプレイは若い内は力まかせでできるが、30歳も過ぎればそうもいかなくなってくる。若い方は今のうちに合理的な奏法を獲得しておくことをおすすめする。

第四章　連続的な弦移動

Quick Study !!

　弦移動の際、次のピッキングの振り幅を考慮して移動する。図117は八幡式ピッキングの平均的な振り幅とピッキングライン。どの弦に移動してもこの形になるように弦移動しよう。

　図118は弾きたい弦に対しかなり近いところからピッキングしている。するとヒットポイントがずれてしまい、理論上空振りする。実際は空振りしないために手首や肘、親指などで補正するだろうが、そうするとフォームが崩れる。

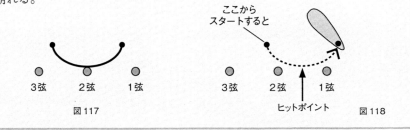

図117　図118

連続的な弦移動

　これまでは1回の弦移動に限定して説明してきたが、今度は連続的な弦移動における身体操作やその注意点を説明しよう。

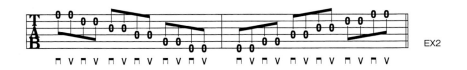

EX2

　1弦の開放から順に、各弦を2回ピッキングし、次の弦に移動、また2回ピッキング……6弦まで行ったら折り返して1弦まで、というパターン。これをダウンからとアップからの二種類行う。ポイントはピッキングの振り幅と弦移動の距離の兼ね合い。これらを正しく理解しておくことで、連続的な弦移動が格段にスムーズになるはずだ。

1 ダウンピッキングから

1弦をダウンピッキングから始める。すると、全ての弦移動は以下の通りになる。

■1弦→6弦
　アップピッキングの後、肩を使って低音弦の上に移動。
■6弦→1弦
　アップピッキングの後、肩を使って高音弦の上に移動。

1弦→6弦

まずは1弦→6弦までのパターンを分解してみよう。

① 1弦をダウン・アップ

前腕を振りかぶりダウンピッキングの始点からスタート。弦にピックをくっつけた状態から弾くのはNG（図119）。

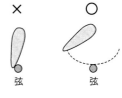

図119

② 2弦上まで弦移動

1弦ダウン・アップを弾き終わったらそこで一旦停止し、肩を使って2弦の上まで弦移動（図120）。

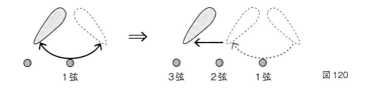

図120

図121は2弦に対する正しいピッキングラインである。1弦をダウン・アップとピッキングした後、2弦に対してこのラインが描ける位置まで弦移動する必要がある。

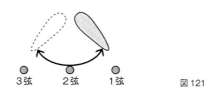

図121

③ 2弦をダウン・アップ

　図122は1弦ダウン・アップ、弦移動、2弦ダウン・アップまでのラインを描いたもの。弦移動の距離が短いとその後正しいピッキングラインが描けず、理論上空振りする(a)。きちんと3弦の近くまで弦移動できていると理論上2弦に対する正しいピッキングラインが描ける(b)。

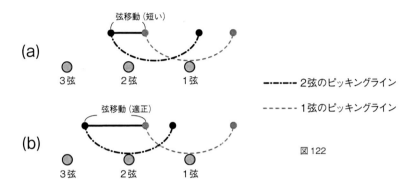

弦移動(短い)

(a)

3弦　　2弦　　1弦

━ ・━ ・━ 2弦のピッキングライン

------- 1弦のピッキングライン

弦移動(適正)

(b)

3弦　　2弦　　1弦

図122

6弦→1弦

　今度は6弦〜1弦のピッキングラインを分解してみよう。

① 6弦をダウン・アップ

　まずは6弦をダウン・アップと弾く(図123)。

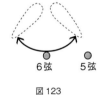

6弦　　5弦

図123

② 6弦下まで弦移動

　6弦アップを弾き終えたらそこから肩を使い6弦下まで弦移動。このとき5弦に対する正しいピッキングラインを想定する。

　弦移動の際、5弦に近づきすぎると理論上空振りする(図124 a)。

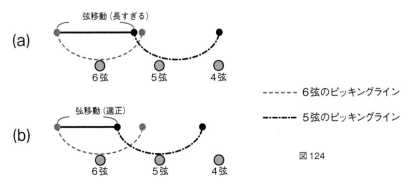

弦移動(長すぎる)

(a)

6弦　　5弦　　4弦

------- 6弦のピッキングライン

━ ・━ ・━ 5弦のピッキングライン

弦移動(適正)

(b)

6弦　　5弦　　4弦

図124

③ 5弦をダウン・アップ

6弦のすぐ下まで弦移動し、そこからピッキングを始めれば、5弦に対し正しいピッキングラインを描くことができる（図124 b）。

2 アップピッキングから

今度はEX2をアップピッキングから行ってみよう。

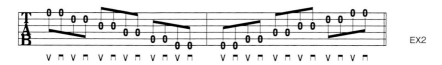

EX2

全ての弦移動は以下の通りになる。

■ 1弦→6弦

ダウンピッキングの後、肩を使って低音弦の下に移動。

■ 6弦→1弦

ダウンピッキングの後、肩を使って高音弦の下に移動。

1弦→6弦

図125

① 6弦をアップ・ダウン

この場合も弦とピックがくっついた状態からではなく、ダウンピッキングの終点からスタートする（図125）。

② 弦移動

1弦をアップ・ダウンと弾いたら1弦の上まで弦移動（図126）。2弦の近くまで寄せると理論上2弦アップで空振りする（a）。2弦に対する振り幅を考慮し、1弦のすぐ上あたりでストップ（b）。

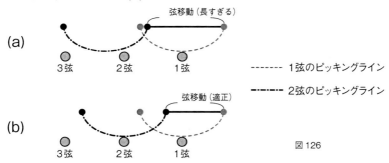

図126

1弦→6弦

① 6弦をアップ・ダウン

1弦と同じようにダウンピッキングの終点から6弦をアップ・ダウン。

② 弦移動

そこから5弦の下まで弦移動。同じように振り幅を考慮して4弦の近くまで移動する（図127 b）。

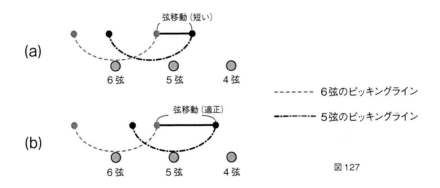

図127

③ 5弦をアップ・ダウン

5弦をアップ・ダウンし、同じサイクルで1弦まで弾く。

以上が連続的な弦移動の基本的なパターンである。もちろんこれ以外にもダウン・ダウンなどいろんな弾き方があるが、とりあえずは上記の4種類を覚えておこう。

まとめ

重要単語

■ 弦移動の振り幅

八幡式でピッキングをしたときに形成される理論上正しい振り幅のこと。常にこれを想定する。

■ (ピッキングの)始点／終点

ピッキングの振り幅の理論上の始点、終点。

■ ピッキングライン

八幡式ピッキングで形成される理論上のライン。

■ 弦移動のライン

八幡式ピッキングで弦移動したときに形成される理論上のライン。

実践編 第四章総括

　第四章はピッキングと弦移動の関係性を深掘りする内容となっている。八幡式ピッキングの基礎理論をしっかり理解していることが前提となるので、もし本章の内容が難しいと感じたら一度おさらいすることをお薦めする。

　また、応用編で説明する実際のフレーズを使ったピッキング解説は、本章よりもさらに複雑になるので、きっちりと理解した上で先に進んでいただきたい。

第五章　カッティング

　本章ではカッティングについて説明する。

　カッティングといっても、そのための特別なフォームや身体操作はない。これまでに解説してきた八幡式ピッキングをそのまま使う。強いて言えば、アップピッキングで小指を弦につけずに少し浮かせておくぐらいだろう。それも特に気にせず、これまで説明してきたフォームそのままで弾けば問題ないはずだ。

1　2本の弦でカッティング

　例えば、EX3のように1、2弦を弾くとする。カッティングなので当然ダウン・アップとオルタネイトで弾く。

　こういったフレーズだと一見手首を左右に振った方が合理的ではないかと思われるが、それだとMP関節のロックが安定せず、サウンドやタイムに支障が出る。また、こういったカッティングだけ手首を振っていると、他のフレーズに移行したときにも手首で弾いてしまう恐れがある。だから、複数弦を使ったカッティングフレーズも前腕の回転で弾く。

　ただ、弾く弦の本数で若干身体操作が変わってくるので注意が必要である。まずはEX3のように2本の弦を弾く場合。

EX3

　2本の弦を弾く場合に限り、前腕の回転のみで弾くことが可能である。そのとき、図128左のようにしっかりめにピックを沈ませておくとふたつの弦を弾くことができる。ピックが弦から浮いているところからスタートすると弦には当たらない。

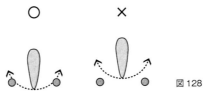

図128

　図 128 左の正しい位置から一度振りかぶって、そこからふたつの弦を同時に
弾くとカッティングになる（図 129）。ただし弦の数が増えてくると弾き方が変
わる。

図 129

2　3本以上の弦をカッティング

　3本以上の弦をカッティングする場合は肩を使う。仮に 1 〜 3 弦をカッティン
グするとしよう。まず図 130 のように 2 弦を肩で上下する。3 弦は前腕を外回転
しアップピッキング、1 弦は前腕を内回転させダウンピッキングとなる。

　弦が増えても同じ原理で弾くことができる（図 131）。

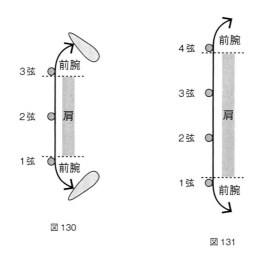

図 130

図 131

番外編

　本編では八幡式ピッキングの派生フォームをひとつだけご紹介する。

八幡式ピッキング・エクストリーム

　パンクやガレージロックなど、あえてギターをピーキーな音でかき鳴らすジャンルがある。そういったジャンルに対し、正しいフォームや正しいピッキングラインなどを求める必要は全くない。ただし、そうしたジャンルの演奏に一つだけ必要な要素がある。それは、ピックがズレないことだ。

　激しいリフやコードワークを行うと、当然ピックがずれたり、ときには飛んでいってしまうこともある。それを回避するために筆者はピックが絶対にズレない持ち方を提案する。名付けて「八幡式ピッキングエクストリーム」である。

1 ピックの持ち方

　①基礎理論編と同じように親指を伸ばしてMP関節をロックする（写真61）。
　②人差し指をあえて立てるようにして親指に軽く押しつける（写真62）。
　このとき、人差し指の第一関節が反っている。

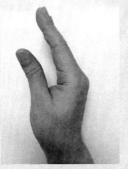

写真61

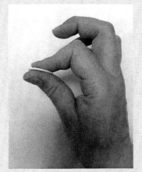

写真62

③反った人差し指の第一関節に中指を軽くあてがう（写真63、64）。

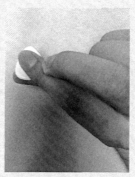

写真63　　　　　　　　　　　　　　写真64

　このとき、強く押しつける必要はない。あくまで軽く置くだけでよい。また、人差し指の真上にきっちり置こうとすると中指を無理して寄せなくてはならない。そこまでしなくても人差し指の右側（中指側）に軽く中指が触れられればそれでよい。残りの指は自由にして構わない。

2　八幡式ピッキングエクストリームで弾いてみよう

　ではこの持ち方でギターを弾いてみよう。フォームはなんでも構わないし、どれだけハードピッキングしても問題ない。ピックが絶対にズレないはずだ。
　サウンドは、やたら音がでかく、ハイが目立ったピーキーで耳障りなものになっているだろう。一般的には汚い音になるが、パンクやガレージロックなどではこの汚さがちょうどいいはずだ。
　そこまで極端なサウンドを求めていなければ、中指を外し、親指に押しつけた人差し指から力を抜いてスタンダードなフォームに戻していくとキツさは消えていく。そこは読者各自で調節してもらいたい。

応用編

　応用編ではよくあるフレーズやリフなどを例に、これまで学んできたピッキングや弦移動をどのように当てはめればいいかを解説する。これまでの内容が理解できていることを前提に進めていくので、不安な方は一度復習してから読み進めてほしい。また、本編からはクイックスタディとまとめを省略する。

第一章　八幡式ピッキングにおける小指の機能

EX4

　EX4はCメジャースケールの下降フレーズである。これをダウンピッキングからオルタネイトで弾く。このフレーズを参考に、まずは八幡式ピッキングの小指の機能を考察してみよう。

1　小指ミュートでディストーションを抑制する

　まず、かなり強めのディストーションにリヴァーブやディレイをかけたサウンドを作ってほしい。その状態だと、一音がぼわんと膨張する。それがジャンルにとって必要なサウンドであったり、そのサウンドの膨張によって速弾きなど特定の演奏がやりやすくなることもある一方で、そうした音の膨張が抜けの悪さにつながることもある。そこでエフェクトのかけ具合を弱くするとある程度抜けは良くなってくるものの、求めるサウンドではなくなってしまう。強いディストーションに深いリヴァーヴやディレイをかけながらも抜けがいいという、いい意味で矛盾したサウンドは作れないものだろうか？……

　八幡式ピッキングによる小指ミュートでこの矛盾は解決可能である。

　既に述べたように、手の小指側をブリッジに沿って真っ直ぐ付けて弾いてみよう（写真65）。

　実際に弾いてみれば分かることだが、ブリッジぎ
りぎりあたりで小指ミュートをしていると、ほとん
どミュートしていない音に近い状態で発音される。
しかしよく聴くと、強めにかかったディストーショ
ンが軽く抑制され、ぽわんと膨張した音がタイトに
なっているのが分かるはずだ。そうすると音が立つ
ようになるので、リヴァーブやディレイも若干後ろ
に下がっているように聞こえる。もしそう聞こえな
い場合は、小指をネック側にずらし、ミュートを強
めにかけてみよう。

写真 65

　こうした小指ミュートは、いわゆるミュートではなく、ディストーションの不
要な成分を抑制し、エフェクトに音を埋もれさせないために使用する。そうする
と、強いディストーションをかけているにもかかわらず、タイトで抜けが良いと
いういい意味で矛盾したサウンドを作ることができる。

　実際に強めのディストーションをかけた状態で、小指ミュートをした場合とし
ない場合、両方で EX4 を弾いてサウンドの違いを確かめてみよう。

2　小指ミュートでノイズを予防／処理する

　引き続き同じサウンドで小指ミュートをしながら EX4 を弾く。

　今度はノイズについて。八幡式ピッキングでは手の小指側で常に複数の弦を
触っている（もちろん、あえてそうしない場合もあるが）。特に高音弦を弾いて
いるときほど、狙った弦だけでなくそれ以外の弦もミュートしやすくなる。低音
弦にいくと複数弦をミュートし辛くなるが、その場合は左手でカバーできるので
問題ない。

　いつでもミュートできる（している）状態にあるということは、ハウリングの
予防やミスタッチの修正が可能ということだ。ミュートを継続している状態では
ハウリングは起こらないし、仮にハウリングが起こったりミスタッチでノイズが
出ても、軽く小指側を弦に触れさせることで修正が可能となる。いつでもそうし
た状態で弾けることにより、安心して演奏することができるようになる。

　では EX4 をまずミュートなしで弾いてみよう。セッティングや読者のレベルに
もよるだろうが、歪みが強ければ弾き始めてすぐに何らかのノイズが出ると思う。

　今度は右手小指でミュートしながら弾いてみよう。既に説明したが、八幡式ピッキングではダウンピッキングで小指が弦から離れ、アップピッキングで弦に触ることでミュートを行う。こうすることでノイズが目立たなくなったら成功だ。仮にまだノイズが目立っている場合はフォームに問題があるか、小指で強く弦に触れてしまい、そこでノイズが出ているのだろう。フォームを整え、小指で軽く弦に触れるようにすれば必ずノイズは目立たなくなる。

　最後に注意点をひとつ。小指を弦にぎゅっと押しつけるとチョーキングのような効果が出てしまい、音程が上がる。そうなるとせっかく合わせたチューニングも無意味になってしまうので、小指は弦に押しつけないように気を付けよう。

第二章　MP関節の開閉におけるサウンド、タイムの違い

本章ではMP関節の開閉でサウンドやタイム感がどう違ってくるのかを確認する。

1 短音ピッキングとMP関節の開閉

まずは先ほどの EX4 を MP 関節をロックして弾いてみよう。

EX4

今回はメトロノームを使用する。テンポは遅すぎず速すぎず、各自無理のないところに設定しよう。サウンドはクリーンかクランチあたりにすると分かりやすい。
　MP 関節をしっかりロックできていれば、次のような特徴が現れる。

　サウンド：大きくクリアで抜けがいい。
　ピッキングの感触：弦をサクサク切るような小気味のいい感触。
　タイム：ジャストに合わせやすい。

では今度は MP 関節をできるだけ緩めて弾いてみよう。そうすると、次のような特徴が現れるはずだ。

　サウンド：音が小さくなり、ムラ（味）が出てくる。ミスタッチも出やすい。
　ピッキングの感触：弦にまとわりつくような感触。
　タイム：遅れている感じ。同じテンポなのに頑張らないと弾けない感じ。

　ピッキングの特徴は上記と完全に一致していなくても構わない。大事なのはMP 関節をロックしたときと緩めた（開いた）ときの違いを認識することである。また、MP 関節の開閉どちらが正しいかという話でもない。一見すると MP 関節を緩めた（開いた）状態は NG であるように思えるが、サウンドは味が出ていると言えるし、テンポはレイドバックして色気が出ているとも取れる。大事なのは

そのサウンドやタイム感が音楽に合っているかどうかである。いくらMP関節をロックし、クリアで抜けのいいピッキングをしても、音楽に合っていなければ台無しである。読者におかれては、MP関節の状態とサウンドの関係性をよく研究し、自身が演奏するジャンルに最適なMP関節の状態を発見して欲しい。

2　コード弾きにおけるMP関節の開閉

　今度はMP関節を調節しながらコードを弾いてみよう。コードは何でもいいが、まだあまり知らないという人は**図132**のGを弾いてみよう。以下、MP関節をロックしたときと緩めたときのサウンドの特徴を挙げてみる。

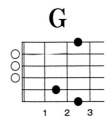

図132

■MP関節をロックしたとき
　・音が大きく、前に出る印象
　・コードがひとかたまりになって聞こえる
　・クリアでキラキラしたサウンド
　・スピード感がある

■MP関節を緩めたとき（ロック時と比較して）
　・音が小さく、少し霞んでいる印象
　・コードの一音一音がばらけて聞こえる
　・丸く角が取れたサウンド
　・モタっとした発音

　これも一見MP関節をロックして弾くのが正解のように思えるが、実際は演奏するジャンルや、その瞬間求められているサウンドによる。例えば、曲の頭でGを弾くとしよう。疾走感や開放感のある曲ならMP関節をロックしたサウンドが合うだろうし、しっとりとしたバラードならMP関節を緩めた方が合うはずだ。また、曲中の場面場面でも常に必要なサウンドは変化する。MP関節をコントロールできるようになると、各場面に必要なサウンド、ニュアンスが親指の操作だけで瞬時に引き出せるようになるのである。

第三章　弦移動の応用

1 弦移動時の「待ち」を解消する

　弦移動をする際、ピッキングが止まってしまう瞬間がある。これを「待ち」という。この「待ち」を解消することでピッキングを何倍もスムーズに行うことができるようになる。では、先ほどから使っている EX4 で見てみよう。

　EX4 の弦移動は 4 回。印を付けると EX4-a のようになる。

EX4-a

　これらのピッキングと弦移動のパターンをまとめると次のようになる。

① 1 弦ダウン→ 2 弦アップ
② 2 弦アップ→ 3 弦ダウン
③ 3 弦ダウン→ 4 弦アップ
④ 4 弦ダウン→ 5 弦アップ

いずれにせよ、高音弦→低音弦というパターンに変わりはない。
例えば①の弦移動を、多くの読者は次のように弾いているはずだ。

（イ）1 弦 5F（フレット）をダウンピッキング（図 133）。
（ロ）1 弦のダウンピッキングが終了した位置から 2 弦 8F をアップピッキング（図 134）。

（イ）　　　　　　　　　　　　　　　　（ロ）

2弦　　1弦　　図133　　　　　2弦　　1弦　　図134

一見合理的なように思えるが、このような弦移動には以下の問題が発生する。

■遠くから2弦を狙うのでその分速くピッキングしないといけない
■ピッキングに勢いがつきすぎる
■2弦をピッキングした後、ピックが弦に対して深く入りすぎる
■ピッキングラインが崩れる

そもそもなぜ図134のようなラインになるかというと、1弦8Fを弾いた後、そこで次のピッキングを待っているからである。いちいちそんなことをせずに、先に弦移動を済ませておけば理想的なピッキングラインを継続することができる（図135）。

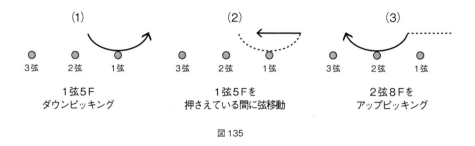

図135

ポイントは図135(2)のように、1弦5Fを押さえている（ラの音が鳴っている）間に先に弦移動しておくことである。こうして待たないことでピッキングと弦移動を理論通りスムーズに行うのである。

「待ち」の発生原因

この「待ち」が発生する原因は、無意識的にピッキングとフィンガリングをシンクロさせようとするからだろう。確かに、1弦5Fをダウンピッキングし、その位置から2弦8Fを狙うことで右手と左手を同時に動かすことができるので、両手の動きに明快さが生まれる。しかし、そうすることで上記したようなピッキングの弊害も生まれる。そこで、あえて明快な動きを捨てて1弦5Fを弾いた直後に、先に右手だけ動かして弦移動しておく。そうすると両手を互い違いに動かしているようなちぐはぐさが生まれなんとも気持ち悪い感じがするが、ピッキング

と弦移動のラインは合理的になり、フレーズも無理なく弾けるようになっていく。

　動きの単純さ、明快さ、気持ちよさだけを盲信すると、このような落とし穴にはまってしまうことがある。八幡式ピッキングでは、そうした感覚よりも合理性を追求している。

別の弦移動パターンにおける「待ち」の回避

　EX4-a の残りの②〜④も全く同じ原理で行う。ただし「待ち」の後のピッキングがダウンかアップかで移動先が異なるので、その点だけは気を付けよう。

　以下、②の 2 弦アップピッキング→3 弦ダウンピッキングのみ解説する。まずは「待ち」の例。

（ハ）2 弦 5F をアップピッキング。
（ニ）2 弦をアップし終わった位置から 3 弦をダウンピッキング。

図 136

　2 弦をアップピッキングしたところで待つと、3 弦ダウンピッキングのラインが明らかにおかしくなっているのが分かるだろう。こうしたラインで弾くと、間違いなくフォームが崩れてしまう。

　では、ここでの「待ち」を解消してみよう。

（ホ）2 弦 5F をアップピッキング。
（ヘ）2 弦を押さえている間に右手を 3 弦上まで弦移動。
（ト）3 弦 7F をダウンピッキング。

図にするとこのようなラインになる。

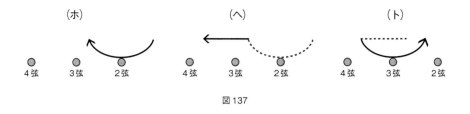

図137

　この場合も両手をシンクロさせようとせずに、2弦5Fを弾いている間に先に弦移動しておく（**図137**（ヘ））。互い違いに動いているようで最初は気持ち悪いが慣れてほしい。

　弦移動の身体操作や移動距離、ピッキングとの兼ね合いについては既に十分説明してあるので、忘れた方は復習してほしい。

2　弦移動のアナライズ

　EX5はよくあるブルースフレーズである。まずはこのフレーズの中で何回弦移動しているのかを書き出してみよう。

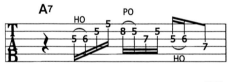

EX5

① 3弦6F → 2弦5F
② 2弦5F → 1弦5F
③ 1弦5F → 2弦8F
④ 2弦5F → 3弦7F
⑤ 3弦7F → 2弦5F
⑥ 2弦5F → 3弦5F
⑦ 3弦6F → 4弦7F

　たったこれだけでも7回も弦移動を行っているのがわかる。また、それぞれの弦移動をダウン－アップ、ダウン－ダウンなど様々な組み合わせで弾くことができる。そうなるとピッキングと弦移動のパターンは膨大になる。

　今回は2種類の異なるピッキングパターンを使い、それぞれでどのようなラインとなるかを解説しよう。なお、以下ハンマリング・オンをHO、プリング・オフをPOと記載する。

ピッキングパターン１　オルタネイト

　今回は原則オルタネイトピッキングで、HO、PO の時だけ空ピックしている。
ではこのときの弦移動がどうなるのかを順番に見てみよう。

ⓐ ３弦ダウン

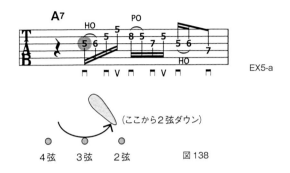

EX5-a

図138

　最初の３弦ダウンを**図138**のように理論
通り振り抜いてしまうと、そこから改めて２
弦ダウンピッキングは厳しくなる（やろうと
思えばできるがフォームやラインが著しく崩
れる）。そこで、まずは**図139**(1)のように
半分だけ前腕を内回転させ、３弦をピッキン
グできる位置に持ってくる。そこから肩を
使って弦移動しながら３弦を弾く（**図139**
(2)）。２弦の手前まで移動したら、今度は前
腕を外回転させて振りかぶる（**図139**(3)）。
こうすると**図140**のように次の２弦ダウン
を理論上正しいピッキングラインに乗せるこ
とができる。

(1)
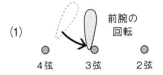

(2)
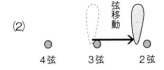

(3)
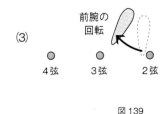

図139

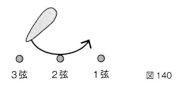

図140

ⓑ 2弦5Fダウン－1弦5Fアップ

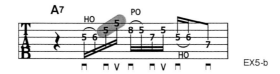

EX5-b

　2弦5Fをダウンピッキングし、その流れで1弦下まで弦移動（図141(1)）。1弦5Fをアップピッキングしたらその流れで2弦上まで弦移動（図141(2)）。
　振り幅や弦移動の距離は実践編第二章で解説したので忘れた方は再読してほしい。慣れてくれば、次にどの弦をどういったピッキングで弾くのかを想像すればどこまで弦移動すればいいかがすぐ分かるようになってくる。

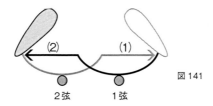

図141

2弦　　　1弦

ⓒ 2弦8Fダウンピッキング

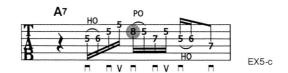

EX5-c

　まず、2弦8Fをダウンピッキングする（図142(1)）。
　次に3弦をダウンピッキングするので3弦上まで移動したい。しかし、現時点でダウンピッキングを振り切っているため、このまま肩で弦移動しても図142(2)のようになり、ここから3弦ダウンピッキングができない。もちろん無理矢理やろうと思えばできるが、フォームは確実に崩れてしまう。そのため、どうにかして一度振りかぶってから3弦上まで弦移動する必要がある。しかし闇雲に前腕を外回転させるとピックが弦に当たってしまう……。ではいつ、どのように前腕を振りかぶればいいのだろうか？

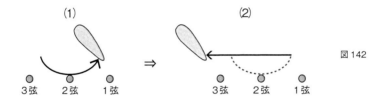

図 142

改めて2弦をダウンピッキングしたところから考えよう。現時点でピックは1弦の上にある。ここから少しだけ2弦に向かって弦移動し2弦と3弦の中間がちょうど半円の底になるようにアップピッキングする（**図 143**）。そうすると弦を弾かずに一度前腕を振りかぶることができる。

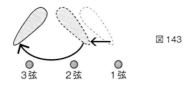

図 143

そこからさらにもう少しだけ4弦近くまで弦移動する（**図 144**）。そうすると、理論上のピッキングライン・弦移動のラインを崩さずに3弦に対する適切なピッキングのスタート地点まで移動することができる。

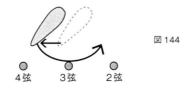

図 144

ⓓ 3弦7F ダウン − 2弦5F アップ

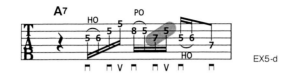

EX5-d

ピッキングと弦移動の組み合わせは **EX5-b** と同じ。

まず3弦7F をダウンピッキングし、そのまま先に2弦下まで弦移動（図145）。そこから2弦5F をアップピッキングして、次にまた3弦をダウン

ピッキングすることが分かっているので、先に3弦上まで弦移動しておく（**図146**）。それぞれ、音が鳴っている間に弦移動して「待ち」を解消しておくのがポイント。

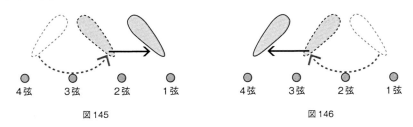

図145　　　　　　　　　　　　　　　　図146

ⓔ 3弦5Fダウン － 4弦7Fダウン

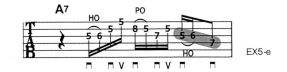

EX5-e

　最後は **EX5-c** と同じパターン。

　まずは3弦5Fをダウンピッキングする（**図147**）。そのまま少しだけ3弦近くに弦移動し、そこから3弦と4弦の中間にピッキングラインの半円の底が来るようにアップピッキングすると弦を弾かずに振りかぶることができる（**図148**）。そこからまた少しだけ5弦に向かって弦移動すると4弦に対する理論上正しいダウンピッキングのラインに乗せることができる。最後に4弦をダウンピッキングして終了（**図149**）。

　たった1小節のフレーズだが、これだけ複雑なピッキング、弦移動の操作を内包している。もちろんこんなことを考え

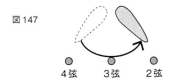

図147

4弦　　3弦　　2弦

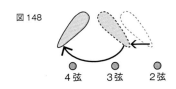

図148

4弦　　3弦　　2弦

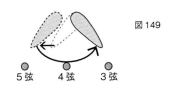

図149

5弦　　4弦　　3弦

なくてもスラスラ弾ける人もいるだろう。一方で、どうしても弾けない人もいる。弾けない人には弾けるようになるための理論が必要となる。八幡式ピッキングはそうした方々への救済である。

ピッキングパターン２　ピッキング＋エコノミー

　エコノミーとは、弦移動時にオルタネイトピッキングをせず、ダウン→ダウン、アップ→アップと同じピッキングで弾くことである。スイープとエコノミーの明確な違いは特にない。このピッキングパターン２のケースでは、同じピッキングで弦移動する場合、エコノミーと表記する。

⨍ ３弦５F → ２弦５F → １弦５F　エコノミー

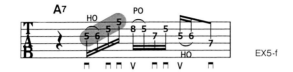

EX5-f

　ここで気を付けて欲しいのは、エコノミー＝ダウンピッキングではないという点。その違いも含めて、３弦から１弦の弾き方を解説しよう。

　最初は半分だけ前腕を内回転させ、ピックを３弦につける。そこから真っ直ぐ１弦下まで弦移動していけば、自然と３弦→２弦→１弦と弾くことができる（図150）。最後に「待ち」の解消として、１弦の音が鳴っている間に前腕を残り半分内回転させ、そのまま肩で引き上げて１弦上まで移動（図151）。

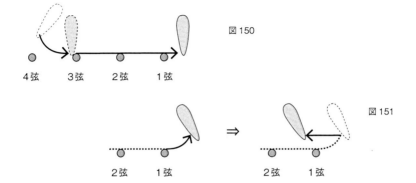

図150

図151

仮に3弦から1弦をそれぞれダウンピッキングしようとするとどうなるか？まず3弦をダウンピッキングすると、図152のようにピックが弦から浮いた状態となる。ここからそのまま2弦をダウンピッキングするとフォームやラインが崩れるので一度振りかぶりたい。しかしこの位置から振りかぶると3弦をアップピッキングしてしまう（図153）。そのため、3弦に当たらずに前腕を振りかぶる方法を考えなくてはならないのだが、そんなことをしなくても上記のようにエコノミーで弾けば合理的にピッキングすることができる。

図152　　図153

⑧ 2弦8F アップピッキング

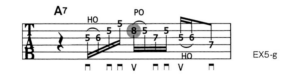

EX5-g

　図150〜151の流れから2弦をアップピッキングし、3弦上まで弦移動（図154）。ここも2弦8F→5FとPOしている間に弦移動し、待ちを解消する。

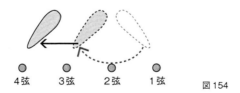

図154

ⓗ 3弦7F ダウン→2弦5F ダウン

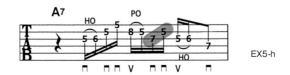

EX5-h

最初と同じように半分だけ前腕を内回転させ、ピックを3弦につける。そこから3弦→2弦とエコノミー（**図155**）。2弦を弾いたらすぐに前腕をもう半分内回転させ、そこからピックを浮かせ2弦上まで弦移動（**図156**）。

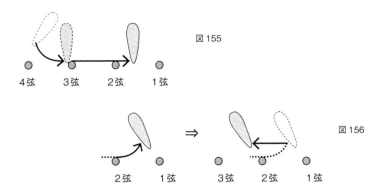

ⓘ 3弦 5F アップピッキング

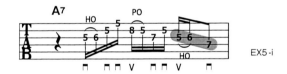

EX5-i

3弦をアップピッキングし、3弦6FをHOしている間に4弦上まで弦移動（**図157**）。最後に4弦をダウンピッキング（**図158**）。

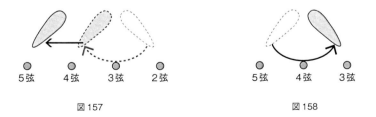

図157 　　　　　　　　　図158

エコノミーを入れるとこのようなピッキングと弦移動のパターンになる。いずれにせよ、いかに理論通りのラインが描けるかがポイントである。

第四章　エコノミーピッキング

　前章では弦移動の観点からエコノミーピッキングについて紹介したが、本章では連続したエコノミーピッキングについて考察する。

　なお、このエコノミーピッキングは小指を弦につけてミュートしながら行っているものとする。

連続的なエコノミーピッキング

　EX6はよくあるEのアルペジオである。まずはこのフレーズに対するピッキングと弦移動のラインを分析してみよう。

EX6

２弦ダウン→１弦ダウン

　まずは２弦ダウンだが、前章で説明したようにピッキングを振り切らず、前腕の回転を２弦手前で止める。そこから弦移動していき、２弦→１弦と弾く（図159）。

　そこから前腕の回転を加えずに真っ直ぐ２弦に向かって弦移動すると、１弦にまたピックが当たる（図160）。ただし、このまま真っ直ぐ弦移動を続ければ２弦も弾いてしまう（図161）。そこで１弦を越えたら前腕を外回転させて２弦を回避し、２弦上まで弦移動する（図162）。ここまでで１パターン。これを繰り返せばEX6のフレーズを弾くことができる。

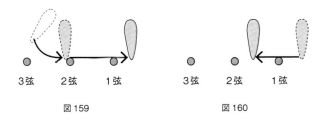

図159　　　　　　　　　図160

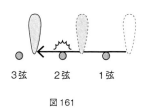

図 161

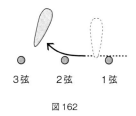

図 162

アップで1弦を弾き、そこから2弦を回避して2弦上まで弦移動するとき、前腕を外回転させすぎると図 163 のようなラインになり、次の2弦ダウンに支障を来すこととなる。できるだけ2弦ギリギリのラインで弦移動しよう。

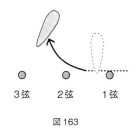

図 163

ダウンとアップの移動距離の違い

このEX6をエコノミーピッキングで弾くとき、本来は「タカタ・タカタ・タカタ」と均一な音の長さになるはずだが、「タカター・タカター・タカター」と最後の音だけ伸びてしまうことがよくある。なぜそうなるのかを弦移動のラインで説明する。まずはそれぞれの音に対する弦移動の距離を見てみよう。

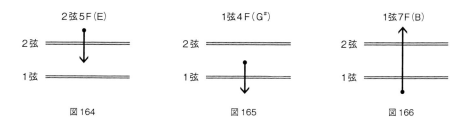

図 164   図 165   図 166

最初の2弦5Fと次の1弦4Fは、それぞれの弦をダウンしているだけなので移動距離は概ね1弦分（図 164、165）で同じ。しかし、3音目は同じ時間で2弦分の距離を移動しないといけない（図 166）。ということは、図 166 だけ約2倍のスピードで移動する必要がある。

フレーズが「タカタ・タカタ」だからといって弦移動もなんとなく同じ速さで

行っていると「タカター・タカター」と最後の音だけ遅れてしまう。そうなる人は1弦→2弦上までの弦移動を速くしてみよう。

連続的なエコノミーピッキングにおける小指ミュートの有効性

こうした連続的なエコノミーピッキングを弾くにあたって、八幡式ピッキングの小指ミュートが抜群の効果を発揮する。

ディストーション、リヴァーブ、ディレイを強めにかけたサウンドを作る。そのサウンドで小指をしっかりと1、2弦につけてEX6を弾いてみよう。まず、ディストーションが軽く減退し、その分一音一音がスタッカート気味にり、リヴァーブやディレイで奥にこもっていた音が前に出てくるはずだ。このように、小指ミュートをしっかりとかけることにより、エフェクトは強くかかっているのにタイトで抜けのいいサウンドとなる。また、ミュートしているということはハウリングや不意のミスタッチも消してくれる。ただし、ラインで録音したときに小指が弦とこすれる「ガサガサ」といったノイズが入ることもあるが。

このように、八幡式ピッキングの小指ミュートは高音弦での演奏に抜群の効果を発揮する（次に説明するスイープも同様）。

第五章　スイープピッキング

　スイープは大きく分けて、折り返しのないものと、折り返しを含んだものがある。「折り返し」とは、例えば3弦→1弦とスイープで進んだら、またそこから1弦→3弦と戻るようなフレーズである。

　本書ではスイープもエコノミー同様小指を弦につけてミュートしながら行っているものとする。

1　折り返しのないスイープ

　EX7は4弦→1弦とスイープで弾くだけのフレーズ。あまり現実的ではないが、例として挙げておく。この場合は折り返しがなくただ真っ直ぐ進むだけなので、ピッキングラインも図167のように非常にシンプルなものとなる。身体操作としては、エコノミーでも説明したように、ダウンピッキングを半分だけ行い、ピックが弦に当たる位置で弦移動している。

EX7

　アップの場合も同様である。こういった折り返しのないスイープは、ピックの位置を適切に整え、後は肩を使った弦移動さえできれば簡単に弾ける。

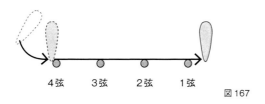

図167

2 折り返しのあるスイープ

4弦から1弦までダウンで進み。1弦でHO、PO して2弦から4弦までアップで戻ってくるフレーズ。スイープではよくあるパターンである。ではこのフレーズのピッキングと弦移動のラインを見てみよう（EX8）。

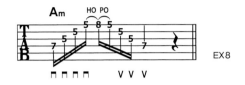

EX8

まず、EX7 と同じように1弦まで肩を使って真っ直ぐ進む（図167）。

1弦を弾いたら前腕の残り半分を内回転させる。するとピックが弦から浮く（図168）。

そこから1弦上まで弦移動し、今度は2弦にピックがつくまで前腕を外回転（図169）。そこから真っ直ぐ4弦上まで弦移動すれば2弦→4弦と弾くことができる（図170）。

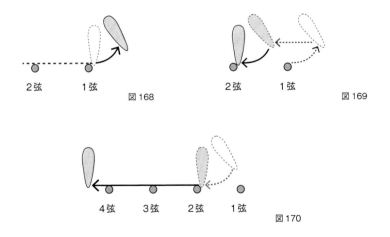

2弦　1弦
図168

2弦　1弦
図169

4弦　3弦　2弦　1弦
図170

第六章　パワーコード

　本章では低音弦でパワーコードを弾く際のピッキングラインと弦移動について説明する。パワーコードは簡単に弾けるようでいて、実はピッキングと弦移動という観点から見ると短音のソロよりも複雑であることが多い。その点を明らかにし、理論上正しいピッキングライン、正しい弦移動のラインで弾くことで、より効果的に演奏できるようにする。

1　パワーコードを連続ダウンピッキング

　パワーコードをダウンピッキングのみで弾くときのピッキングと弦移動のラインについて説明しよう。

EX9

　EX9 を弾くとき、6弦の上から前腕の回転のみでダウンピッキングすると理論上ピッキングラインは図 171 のようになる。これでは6弦しかピッキングできないので、肩を使い、小さく弦移動しながら同時にピッキングを行う（図172）。

6弦　　5弦　　　図171　　　　　　　6弦　　5弦　　　図172

　図 172 を見ると、6弦までが前腕の内回転、そこから5弦まで肩で弦移動して最後にまた前腕の内回転をしているのがわかる。しかし細かく考えれば、6弦を前腕の内回転で弾くのか、6弦手前まで前腕の内回転でそこから真っ直ぐ弦移動しながら6弦を弾いているのか？　5弦はどうなのかという疑問が湧いてくる。

実際には、6弦はどちらかというと弦移動で弾き、6弦と5弦の中間あたりから残りの前腕の回転で5弦を弾いている感じになる。とはいえ、あまり細かく考えず、前腕の回転でのピッキングにちょっとだけ肩を足してあげると上手くいくはずだ。

　問題はここから。EX9は全てダウンピッキングで弾くので、このまま同じラインをたどって6弦上に戻ろうとすればピックが5弦、6弦に当たってしまう。5弦6弦を回避して6弦上まで弦移動し、また図172のラインに乗せるにはどうすればいいか？

　まず5弦を弾ききったところから肩で6弦下まで弦移動（図173）。ここから6弦に当たらないように前腕を外回転させる（図174）。少し遠いがどっちにしろ弦移動しながら6弦を弾くので、この位置から前腕の内回転と弦移動をスタートさせる（図175）。これを繰り返すことでEX9を弾く。

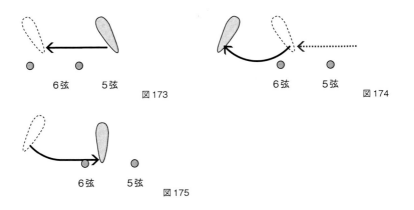

図173

図174

図175

　図174のアップピッキング（空ピック）でもし小指が6弦に当たってミュートされてしまったら、少し小指を浮かせておこう。

　ある程度テンポが遅ければわざわざこんなことをしなくても、おおよそどんなめちゃくちゃなフォーム、めちゃくちゃなラインでも弾くことができる。少々力んだり、ラインが膨らんでもテンポが遅ければ間に合ってしまうからだ。しかし、テンポが上がってくるとどこかで急に弾けなくなってしまう。そこから先は確固たるピッキングフォーム、ピッキング理論が必要となるのである。

2 パワーコードをミュートして弾くには？

　次はこの EX9 をミュートして弾きたい。ここでもし『八幡式ピッキングでは
ミュートしながらダウンピッキングできないのではないか？』と思った方はいい
読者である。そう、八幡式ピッキングではダウンで必ず手が弦から離れていく。
とすればダウンではミュートできないと考えるのは当然であり、またその通りで
ある。ではこの場合ミュートができないのかというともちろんそうではない。ダ
ウンでミュートするのではなく、アップの空ピックでミュートするのである。具
体的には次のようになる。

①図 172 のように 6 弦 5 弦をダウンピッキングする。現在小指は弦から離れて
　いるので、ここで手が止まっていると音は出っぱなしとなる。
②図 173、174 の行程を行う。前腕を外回転させると小指が 6 弦 5 弦に付くの
　でここでミュートとなる。

　この①②を素早く行うと、ミュートしながらダウンピッキングしているのと同
じ効果が出る。そんな回りくどいことをしなくても最初から小指を弦に付けて
ピッキングすればいいと思う方もいるだろうが、それだと前腕の回転ができなく
なり、手首や肘でピッキングすることになる。

あとがき

八幡式ピッキングに口伝在り

　ここまで、八幡式ピッキングの基礎および応用を詳しく解説してきた。しかしながら、これらが八幡式ピッキングの全てではない。まだまだ文章や図、動画でさえ伝えきれない細かなニュアンスや取り組み方のコツなどが無数に存在する。それらは八幡式ピッキング口伝として直接伝えるしかない。従って、八幡式ピッキングを本気で習得したい方は、お手数だが教室まで直接習いに来ていただくことをおすすめする。

本書執筆の経緯

　以下は読者が知る必要のないことかもしれないが、本書執筆の経緯として記しておく。これまで筆者は、音楽における様々な要素を教則本やDVD、ブログにして世に出してきた。そんな中、どうしても解決しておかなければならない宿題があった。それがピッキングである。脱力と音楽的効果を十分兼ね備え、なおかつ汎用性があり、誰でも習得可能なピッキング理論を構築する！ そう決意したのが２０１５年の春であった。

　そこからが地獄のはじまりだった。

　当初、半年程度で済むだろうと思っていたものが、１年経ち、２年経っても全くゴールが見えてこず、深い霧の中を彷徨う日々。その間腕が壊れそうになったこと数回、ギターが弾けなくなったことが二回ほど、絶望や挫折、極度の不安で精神がおかしくなりそうになったことは数え切れない。

　しかし、４年目あたりから光が見えはじめ、パーツがかみ合い、歯車が回りはじめ、気がつけばゴールに到達していた。ピッキング理論が完成した直後、緊張が解けたからか、発熱し数日間寝込んだことを今でも覚えている。

　しかし苦難はこれだけで終わらなかった。

本書をはじめに脱稿したのが２０１９年８月、その後編集者と協議の末、全面的に書き直すこととなった。これは筆者の落ち度である。

　明けて２０２０年６月に再脱稿したものの、コロナウイルス感染拡大のあおりを受け、編集や外注作業が遅れに遅れて、初稿が出るまで１年を有してしまった。不幸中の幸いとしては、初稿が出るまでに新たに発見した内容を書き加えたり、検証の末不要だとわかったものを削ることができた。

　そんな経緯で、研究開始から本書刊行まで実に６年を費やしたことになる。このピッキング研究および教則本出版は、間違いなく筆者のギター人生で最大最難関のミッションであった。数々の苦難を乗り越えてここまでたどり着いたことに心から安堵すると供に、もう二度とこのような苦労が訪れないことを切に願う。

歴史への主体的アプローチ

　これも読者には関係のないことだが、蛇足として。

　筆者は近年、歴史と個人という主題について考えることが多くなった。歳のせいもあろう。私という個人が残したささやかな何かが記録となり、やがてそれが歴史と化していく可能性があるなら、自身を歴史に委ねるのではなく、主体的に歴史へとアプローチすることも可能ではないか？ 没後評価といえば打算的かつ若干のニヒリズムが漂ってくるが、歴史に対する主体的な創作態度は、決して自虐や厭世趣味に留まるものではあるまい。事実、そうした創作態度は私自身に勇気と忍耐力を与えてくれた。

　そうして、筆者は本書をギタリストへの救済として書くと同時に、後生の研究家への資料提供のつもりで書き上げた。それがどのような評価を得るのかは歴史にまかせることとする。

　苦難の末本書の出版にこぎつけた時点で、筆者の中で何かが終わった。それが

何なのかはこれからわかるだろう。そして、また何かがはじまるだろうが、それが何なのかは今の筆者にはわからない。

　八幡式ピッキングを学んでくださった生徒様、出版不況とコロナ渦というダブルパンチの中で本書出版を決意してくださった中央アート出版社、困難な作業を引き受けてくださった藤田哲也氏、そして家族や友人、筆者に関わってくださった全ての方に感謝する。

　世に隠れ月は箱根のなほ高く

２０２１年、夏
八幡謙介

Profile

1978年　京都市北白川生まれ。
　　　　15歳でギターを手にする。十代では様々なバンドでライヴハウスに出演。

2000年　7月バークリー音楽大学入学。主にRichie Hart（ギター）、Winston Maccaw（アンサンブル）、
　　　　Mohamed Camara（アフリカンドラム）等に師事。また校外ではボストンを拠点とするラテンバ
　　　　ンドBABALOOのサイドギタリストを約1年間勤め、アメリカ東海岸全域で幅広くライブを行う。

2003年　同校パフォーマンス科卒業（Professional Diproma）。11月、アメリカでの活動に見切りをつ
　　　　け、ドイツ、ハンブルグに移住。Colon Language Centerにて3ヶ月間ドイツ語を学ぶ。

2004年　オランダ、アムステルダムに移住。市内ジャズクラブで週5日のセッション修行を約4ヶ月間行う。8
　　　　月帰国。滋賀県守山市のBlue Music Studio音楽教室にて後進の指導にあたる傍ら、演奏活動
　　　　や、奏法の研究を行う。

2009年　教則本の執筆を開始。9月、『ギタリスト身体論 ～ 達人に学ぶ脱力奏法』を刊行。アマチュアからプ
　　　　ロまで、多くのギタリストから反響を得る。

2011年　10月、横浜に移住。神奈川区大口通にて八幡謙介ギター教室を開講。

Discography

2007年　「My Heart's Still There」　ソロ　自主制作（完売）
2008年　「Bossa De Poche N1」　Cafe Vanille　自主制作（完売）
　　　　YouTube上で試聴可

DVD

2012年　「ギタリスト身体論DVD」

Bibliography

2009年　「ギタリスト身体論」
2011年　「ギタリストのためのハーモニー」「ギタリスト身体論2」
2012年　「ギタリストのためのJ-POPのツボ」「ギタリストがなんとか譜面を読めるようになるまで付き合う本」
2013年　「ギタリストのためのアドリブの入り口」「コードトーンで脱ペンタ！」
2015年　「速弾き・スウィープの身体操作 ～ ギタリスト身体論外伝」

八幡謙介ギター・音楽教室 in 横浜

JR 横浜線大口　京急本線子安から徒歩7分　完全個人レッスン　月1回から OK
スカイプレッスン可　FLEX・月極短期など複数コースあり　無料ギターレンタル可
詳しくは HP まで！　yahatakensuke.com

The Physical Theory of Guitarist 3

ギタリスト身体論3　新世紀ピッキング理論

2021年 11月30日　初版第1刷発行

著　者：八幡 謙介
編　集：藤田 哲也
イラスト：天野 照久

発 行 者：富澤 勇次
発 行 所：⊂A⊃ 中央アート出版社
〒135-0006　東京都江東区常盤 1-18-8
TEL　03-5625-6821 （代表）
FAX　03-5625-6822

小社への御意見・御希望は　E - mail：info@chuoart.co.jp
ホームページ：http://www.chuoart.co.jp

ISBN978-4-8136-0777-9